明永樂内府本四書集注大全

第十册

明　胡廣等撰

中國國家圖書館藏明永樂十三年内府刻本

山東人民出版社・濟南

孟子集註大全卷之十二

告子章句下

凡十六章

任人有問屋廬子曰禮與食孰重曰禮重任平聲

任國名趙氏曰任薛同姓之國在齊楚之間屋廬子名連孟子弟子也

色與禮孰重

任人復問也扶又反

曰禮重曰以禮食則飢而死不以禮食則得食必以禮乎親迎則不得妻不親迎則得妻必親迎乎屋廬子不能對明日之鄒以告孟子孟子曰於答是也何有迎去聲於如字

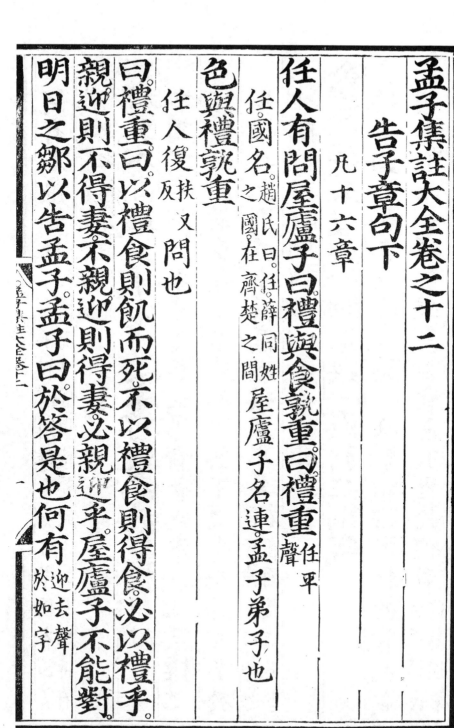

何有不難也朱子曰。不親迎則得妻。如古者國有凶荒。則殺禮而多昏。周禮荒政十二條中。亦有此法。蓋貧窮不能備親迎之禮。法許如此

不揣其本而齊其末。方寸之木可使高於岑樓揣初委反

本謂下。末謂上。方寸之木至卑。喻食色。岑鋤深反樓。樓之高銳似山者至高。喻禮。若不取其下之平。而升寸木於岑樓之上。則寸木反高。岑樓反卑矣慶源輔氏曰。物之不齊。固當揣其本以齊其末。不可只據其末以定其高卑

金重於羽者。豈謂一鉤金與一輿羽之謂哉

鉤帶鉤也。金本重而帶鉤小故輕。喻禮有輕於食色者。羽本輕而一輿多故重。喻食色有重於禮者慶源輔氏曰。物固有

重而有輕。然重者少而輕者多則輕者反重而重者反輕矣

取食之重者與禮之輕者而比之奚翅食重。取色之重者與禮之輕者而比之奚翅色重翅與啻同古字通用施智反

禮食。親迎。禮之輕者也。飢而死以滅其性。不得妻而廢人倫。食色之重者也。奚翅猶言何但。言其相去懸絕。不但有輕重之差楚宜反而已

往應之曰。紾兄之臂而奪之食則得食。不紾則不得食。則將紾之乎。踰東家牆而摟其處子則得妻。不摟則不得妻。則將摟之乎紾音軫摟音婁

紾。戾也。摟。牽也。處子。處女也。此二者禮與食色皆其

重者。而以之相較。則禮爲尤重也○此章言義理事物。其輕重固有大分。分去聲然於其中又各自有輕重之別。彼列反聖賢於此。錯綜子宋反斟酌。錯綜。分經緯。斟酌。量淺深也毫髮不差。固不肯枉尺而直尋。亦未嘗膠柱而調瑟。史記廉頗藺相如傳。趙孝成王七年。秦與趙兵相距長平。時趙使廉頗將兵固壁不戰。王信秦之間言。使趙括爲將代廉頗。藺相如曰。王以名使括。若膠柱而鼓瑟耳。括徒能讀其父書傳。不知合變也。註。瑟每一絃有一柱。旋移變而取聲音之和。今以膠定其柱。不使變移而鼓之。豈能聲和。所以斷丁亂反之一視於理之當然而已矣朱子曰。禮之大體。固重於食色矣。然其間事之大小緩急不同。則亦或有反輕於食色者。惟理明義精者。爲能權之而不失耳。權之不失。是乃所以全禮之重而深明食色之輕也。觀於寸木岑樓之喻。孟子之意可見矣○南軒張氏曰。食色雖出於性。而其流則以害性。苟無禮以止之。則將何所極哉。禮之重於食色。

固不待較而明矣。惟夫汩於人欲而昧夫天性。於是始有禮與食色孰重之疑矣。○慶源輔氏曰。集註章旨之說。於聖賢處事之權度。固已得其要矣。苟或義理未精。權度未審。則於凡事膠轕難辨之際。巧者必至於枉尺而直尋。拙者必至於膠柱而調瑟。終不得夫時措之宜也。○新安陳氏曰。飲食男女。人之大欲存焉。禮則天理所以防閑人欲者也。禮本重。食色本輕。固自有大分然亦不可拘拘於禮文之微者。又當隨時隨事而酌其中焉。聖賢固不肯枉尺直尋以踰夫禮之經。亦未嘗膠柱調瑟以昧時宜之權也。○東陽許氏曰。敬兄禮也。雖無食而將死。必不可奪兄之食而違敬兄之禮。婚娶禮也。雖至於絕嗣。必不可摟人處子而違婚娶之禮。任人蓋異端之徒。棄蔑禮法而譏侮之者。故孟子止就其所言食色二者。使之自權其輕重而自思之。蓋不屑之教誨也

○曹交問曰。人皆可以為堯舜。有諸。孟子曰。然

趙氏曰。曹交。曹君之弟也。人皆可以為堯舜。疑古語或

孟子所嘗言也朱子曰孟子道人皆可以爲堯舜何曾道便是堯舜更不假脩爲耶

交聞文王十尺湯九尺今交九尺四寸以長句食粟而已如何則可

曹交問也食粟而已言無他材能也

曰奚有於是亦爲之而已矣有人於此力不能勝一匹雛則爲無力人矣今曰舉百鈞則爲有力人矣然則舉烏獲之任是亦爲烏獲而已矣夫人豈以不勝爲患哉弗爲耳

勝平聲

匹字本作鴄鴨也從省作匹禮記說匹爲鶩音木是也記曲禮庶人之摯匹注匹讀爲鶩野鴨曰鳧家鴨曰鶩不能飛騰如庶人之終守耕稼也烏獲古之有

力人也。能舉移千鈞趙氏曰。秦武王好以力戲。力士烏獲至大官○新安陳氏曰。爲之一字。爲此章之要。所謂弗爲耳。及下文所不爲也。皆與爲之而已一句相應。而行堯之行。與歸而求之。行也。求也。皆所以爲之也。舉烏獲之任。是亦爲烏獲。以譬能爲堯舜之事。是亦爲堯舜也

徐行後長者謂之弟。疾行先長者謂之不弟。夫徐行者。豈人所不能哉。所不爲也。堯舜之道。孝弟而已矣。後去聲。長上聲。弟音悌。先去聲。夫音扶

陳氏曰。孝弟者。人之良知良能。自然之性也。堯舜人倫之至。亦率是性而已。豈能加毫末於是哉。慶源輔氏曰。堯舜不過率是性而充其量。非有所增益於性分外也楊氏曰。堯舜之道大矣。而所以爲之。乃在夫音扶行止疾徐之間。非有甚高難行之事也。百

姓蓋日用而不知耳和靖尹氏曰。堯舜之道。止於孝弟。孝弟非堯舜不能盡○朱子曰。堯舜之道。孝弟而已。這是對那不孝不弟底說。孝弟。便是堯舜之道。不孝不弟。便是桀紂○南軒張氏曰。人性莫大於仁義。仁莫先於愛親。義莫先於從兄。此孝弟之所由立也。盡得孝弟。則仁義亦無不盡。是則堯舜之道。豈不可以一言蔽之乎。人孰無是心哉。顧體而充之何如耳○慶源輔氏曰。陳氏就孝弟上說。而極於堯舜之聖。楊氏是就堯舜上說。而本於孝弟之近。二說互相發明所謂百姓蓋日用而不知者。其警發於人尤爲切至也

子服堯之服。誦堯之言。行堯之行。是堯而已矣。子服桀之服。誦桀之言。行桀之行。是桀而已矣之行並去聲

言爲善爲惡。皆在我而已。詳曹交之問。淺陋麤倉胡反率。慶源輔氏曰。此指其以身之長短與湯文較也。人皆可以爲堯舜。豈謂是歟必其進見之時。禮貌衣冠言動之間多不循理。故孟子告之如此兩節

云覺軒蔡氏曰孟子以人皆可爲堯舜所以誘曹氏之進也然亦豈謂不假脩爲而即可爲堯舜耶勉之以孝弟又勉之以衣服言行之間固不以難而沮人亦不以易而許人惜乎曹交之不足以進此也○新安陳氏曰上一節告以徐行疾行此一節告以衣服言行皆是就其病之切處箴砭之

曰交得見於鄒君可以假館願留而受業於門見音現

假館而後受業又可見其求道之不篤慶源輔氏曰此亦是富貴者之習氣都未知那居無求安之味在

曰夫道若大路然豈難知哉人病不求耳子歸而求之有餘師夫音扶

言道不難知若歸而求之事親敬長上聲下同之間則性分去聲之內萬理皆備隨處發見形甸反無不可師不必留此

而受業也 問學莫難於知道。故欲脩身者必以致知爲先。今曰道豈難知。而特患於不爲。何哉。朱子曰。道之精微。固難知也。然自始學言之。則如是而爲孝。如是而爲弟。如是而爲不孝。如是而爲不弟。其大體向背之間。豈不明而易知乎。致知云者。亦曰即其已行之知而推致之耳。○慶源輔氏曰。道若大路然。人所共由者也。初匪難知。但患人蔽於私。役於氣。自暴自棄而不肯求耳。誠能即其孝親弟長之良知良能。而遡其自然之性。則一性之中。萬理皆備。日用之間。隨所感處。無不發見。而察之而體之。則師不必求於外而得。道不必索於外而存矣

○曹交事長之禮既不至。求道之心又不篤。故孟子教之以孝弟。而不容其受業。蓋孔子餘力學文之意。亦不屑之教誨也 朱子曰。曹交識致凡下。又有挾貴求安之意。故孟子拒之。然所以告之者。亦極親切。非終拒之也。○新安陳氏曰。可爲堯舜。在性分。不在形體。交以形體似聖人言。陋矣。孟子所答全章之要。在爲之而已。中言行堯之行。以躬行言也。上言豈難知與病不求。歸求。以求知言也。求知以閑其爲

之之端，躬行以盡其爲之之實，則所謂可爲堯舜者，必眞能爲之。安有不假脩爲而可安坐以至堯舜之理耶。徐行尤易能，故先只言徐行之弟，而後總以孝弟言之。有餘師，非謂人師也，如先儒所謂學者當以己心爲嚴師之意。

○公孫丑問曰：高子曰：小弁，小人之詩也。孟子曰：何以言之？曰：怨。弁音盤

高子，齊人也。小弁，小雅篇名。周幽王娶申后，生太子宜臼；又得褒姒，生伯服，而黜申后，廢宜臼。於是宜臼之傅爲去聲作此詩，以敘其哀痛迫切之情也。南軒張氏曰：家國之念深，故其憂苦。父子之情切，故其辭哀。

曰：固哉，高叟之爲詩也！有人於此，越人關弓而射之，則己

談笑而道之。無他。疏之也。其兄關弓而射之。則已垂涕泣而道之。無他。戚之也。小弁之怨。親親也。親親。仁也。固矣夫。高叟之爲詩也。關與彎同射食亦反夫音扶

固謂執滯不通也。爲。猶治也。越。蠻夷國名。道。語也。親親之心。仁之發也。新安陳氏曰。小弁之事。人倫之大變。宗社傾覆繫焉。如之何勿怨。是其怨乃所以見親親之心。蓋愛親之仁之發見者也

曰。凱風何以不怨。

凱風。邶蒲昧反風篇名。衛有七子之母不能安其室。七子作此以自責也。新安陳氏曰。母生七子而寡。不能安其室。七子作詩不敢非其母。引罪自責。謂子不能慰母心。使母不安。以感動之也

曰凱風親之過小者也小弁親之過大者也親之過大而不怨是愈疏也親之過小而怨是不可磯也愈疏不孝也不可磯亦不孝也磯音機

磯水激石也不可磯言微激之而遽怒也朱子曰親之過大則傷天地之大和戾父子之至愛若此而不怨焉則是坐視其親之陷于大惡恝然不少動其心而父子之情益薄矣此之謂愈疏親之過小則特以一時之私心而少有虧于父子之天性若此而遽怨焉則是水中不可容一激石一有激石則叫號而遽怒矣此之謂不可磯故二者均為不孝也○南軒張氏曰小弁凱風其事異故其情其辭異當小弁之事而不怨慕不形是漠然無親當凱風之事而怨心遽形是歸過於親皆失親親之義而賊夫仁矣故皆以不孝斷之怨一也由小弁之所存則為天理由高子之所見則為人欲不可不察也

孔子曰舜其至孝矣五十而慕

言舜猶怨慕。小弁之怨不爲不孝也○趙氏曰。生之膝下。一體而分。喘尺兗反息呼吸。氣通於親。新安陳氏曰。此由子生之始而推其未生以前。深味之。愛親之心油然生矣當親而疏。疏同怨慕號平聲天。是以小弁之怨未足爲愆也問說詩者皆以小弁之意與舜怨慕同。竊謂只我罪伊何一句與舜於我何哉之意同。後面君子秉心維其忍之。君子不惠。不舒究之。分明是怨其親與舜怨慕之意似不同。朱子曰。作小弁者自是未到得舜地位。蓋亦常人之情耳。只我罪伊何上面說何辜于天。亦似自以爲無罪。未可與舜同日語也○雲峯胡氏曰。七情中。有哀而無怨。怨出於哀。哀之切。故怨之深。雖程子嘗論小弁之怨與舜不同。然皆出於人情之至痛而天理之至眞者也

○宋牼將之楚。孟子遇於石丘牼口莖反

宋。姓。牼。名。石丘。地名

曰先生將何之

趙氏曰學士年長上聲者故謂之先生

曰吾聞秦楚構兵我將見楚王說而罷之楚王不悅我將見秦王說而罷之二王我將有所遇焉說音稅

時宋牼方欲見楚王恐其不悅則將見秦王也遇合也

按莊子書有宋銒刑堅二音者禁攻寢兵救世之戰上說說音稅下教強上聲聒古活反不舍上聲○見莊子天下篇疏去聲云齊宣王時人以事考之疑即此人也構古候反合也

曰軻也請無問其詳願聞其指說之將如何曰我將言其不利也曰先生之志則大矣先生之號則不可

徐氏曰。能於戰國擾攘之中而以罷兵息民爲說其志可謂大矣。然以利爲名。則不可也蔡氏曰。宋牼在當時。想亦是年德之高者。故孟子以先生呼之。而猶不免溺於利害之私。蹊不知仁義之正道。世俗從可知矣

先生以利說秦楚之王。秦楚之王悅於利以罷三軍之師。是三軍之士樂罷而悅於利也。爲人臣者懷利以事其君。爲人子者懷利以事其父。爲人弟者懷利以事其兄。是君臣父子兄弟終去仁義懷利以相接。然而不亡者未之有也。樂音洛下同

先生以仁義說秦楚之王。秦楚之王悅於仁義而罷三軍之師。是三軍之士樂罷而悅於仁義也。爲人臣者懷仁義以事其君。爲人子者懷仁義以事其父。爲人弟

者懷仁義以事其兄。是君臣父子兄弟去利懷仁義以相接也。然而不王者未之有也。何必曰利。王去聲

此章言休兵息民。爲事則一。然其心有義利之殊。而其效有興亡之異。學者所當深察而明辨之也。

南軒張氏曰。古之謀國者以義理。不以利害。此天理人欲之所以分。而治一忽所由係也。說之以利。使其能從。亦利心耳。罷兵雖息一時之患。而徇利實傷萬世之彝。○西山眞氏曰。戰國交兵之禍烈矣。宋牼一言而罷之。豈非生民之福而仁人之所甚願者哉。顧利端一開。君臣父子兄弟大抵皆見利而動。其禍又有甚於交兵者。是以聖賢不得不嚴其防也。○新安陳氏曰。以利說二王而罷兵。若足爲斯民幸矣。然上下皆懷利以相接。必將有滅亡之禍。是利未得而害已甚矣。以仁義說二王而罷兵。上下皆懷仁義以相接。則仁必愛親。義必急君。雖不言利。而仁義之利自在其中矣。此章大意與首篇首章相似。利端一開。利心競熾。而大倫將不暇顧。其禍有甚於交兵者。交兵。不

過殺人身耳。言利則必蠹害人心。孟子此章於遏人欲。存天理尤嚴焉

○孟子居鄒。季任爲任處守。以幣交。受之而不報。處於平陸。儲子爲相。以幣交。受之而不報。任平聲相去聲下同

趙氏曰。季任。任君之弟。任君朝音潮會於鄰國。季任爲去聲之居守其國也。儲子齊相也。不報者。來見則當報之。但以幣交。則不必報也朱子曰。初不自來。但以幣交。未爲非禮。但孟子既受之後。便當來見而又不來。則其誠之不至可知矣。故孟子過而不見。施報之宜也。亦不屑之教誨也。○慶源輔氏曰。來見則禮意重。幣交則禮意輕也

他日由鄒之任。見季子。由平陸之齊。不見儲子。屋廬子喜曰。連得間矣

屋廬子連其名也知孟子之處上聲此必有義理故喜得其間隙而問之

問曰夫子之任見季子之齊不見儲子爲其爲相與爲其之爲去聲下同與平聲

言儲子但爲齊相不若季子攝守君位故輕之邪俗作耶

曰非也書曰享多儀儀不及物曰不享惟不役志于享

書周書洛誥之篇享奉上也儀禮也物幣也役用也言雖享而禮意不及其幣則是不享矣以其不用志于享故也蔡氏曰享不在幣而在於禮幣有餘而禮不足亦所謂不享也

爲其不成享也

孟子釋書意如此新安陳氏曰。幣物有餘而禮儀不足。是有慢上之心。謂其所貪在物。雖禮意不足無妨。乃是雖有享之名。而不成享之禮也

屋廬子悅。或問之。屋廬子曰。季子不得之鄒。儲子得之平陸

徐氏曰。季子爲去聲君居守。不得往他國以見孟子。則以幣交。而禮意已備。儲子爲齊相。可以至齊之境內。而不來見。則雖以幣交。而禮意不及其物也。慶源輔氏曰。不得之鄒。而不來。則是制於禮者也。得之平陸。而不至。則是簡於禮者也。制於禮者欲爲而不可。簡於禮者可爲而不欲。君子之所爲。一視其禮意之輕重而行吾義而已。○覺軒蔡氏曰。此章見孟子於禮意之間。是否之際。權衡輕重。各稱其宜如此。然皆以幣交而皆受之。豈孟子當時亦有幣交之禮。而季子儲子皆非惡人。亦有可受之理歟

○淳于髡曰先名實者爲人也後名實者自爲也夫子在三卿之中名實未加於上下而去之仁者固如此乎先後爲皆去聲

名聲譽也實事功也言以名實爲先而爲之者是有志於救民者也以名實爲後而不爲者是欲獨善其身者也先後並如字名實未加於上下言上未能正其君下未能濟其民也

孟子曰居下位不以賢事不肖者伯夷也五就湯五就桀者伊尹也不惡汙君不辭小官者柳下惠也三子者不同道其趨一也一者何也曰仁也君子亦仁而已矣何必同

惡趨並去聲

仁者無私心而合天理之謂。慶源輔氏曰。無私心。以存諸心而言。合天理。以行諸外而言。人固有雖無私心而行事不合天理者。唯仁則內外合。天人備矣。○論語於令尹子文陳文子章註。引師說以為當理而無私心則仁矣。今又以為仁者無私心而合天理。其先後不同者。蓋彼就二子之事而言。故以為當理而無私心。此直指夫仁而言。故曰仁者無私心而合天理。楊氏曰。伊尹之就湯以三聘之勤也。其就桀也。湯進之也。湯豈有伐桀之意哉。其進伊尹以事之也。欲其悔過遷善而已。伊尹既就湯則以湯之心為心矣。及其終也。人歸之。天命之。不得已而伐之耳。若湯初求伊尹即有伐桀之心。而伊尹遂相去聲之以伐桀。是以取天下為心也。以取天下為心。豈聖人之心哉程子曰。五就湯。五就桀。此伊尹後來事。蓋已出了。則當以湯之心爲心。所以五就桀。不得不如此。○張子曰。伯夷。伊尹。柳下惠皆稱聖人。出於仁之一端。莫非仁也。三子者各以是成性。故得稱仁。○雲峯胡氏曰。集註於三子之中。引楊氏說獨詳於伊尹者。如夷惠不屑就。不屑去。其迹甚易明。惟伊尹有去又有就。其心未易識。故詳之

曰。魯繆公之時。公儀子爲政。子柳子思爲臣。魯之削也滋甚。若是乎賢者之無益於國也公儀子。名休。爲魯相。子柳。泄柳也。削。地見侵奪也。髡譏孟子雖不去。亦未必能有爲也

曰。虞不用百里奚而亡。秦穆公用之而霸。不用賢則亡。削何可得與與平聲

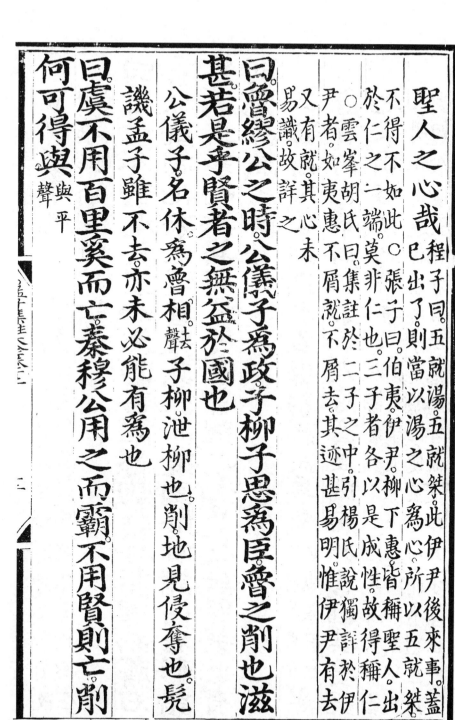

百里奚事見形向反前篇新安陳氏曰亡則何止乎削故曰削何可得魯之不亡尚以三賢在也否則如虞之亡求削而不可得矣

曰昔者王豹處於淇而河西善謳緜駒處於高唐而齊右善歌華周杞梁之妻善哭其夫而變國俗有諸內必形諸外為其事而無其功者髡未嘗覩之也是故無賢者也有則髡必識之華去聲

王豹衛人善謳淇水名緜駒齊人善歌謳聲有曲折也歌長言也高唐齊西邑華周杞梁二人皆齊臣戰死於莒音舉其妻哭之哀國俗化之皆善哭左傳襄公二十三年齊侯襲莒杞殖華胡化反還音旋載甲夜入明日先遇莒子莒子重賂之使無死曰請有盟華周對曰食貨棄命亦君所惡也昏而受命日未中而棄之

何以事若。莒子親鼓而伐之。獲杞梁。莒人行成。齊侯歸。遇杞梁之妻於郊。梁戰死。妻行迎喪。使弔之。辭曰。殖之有罪。何辱命焉。若免於罪。猶有先人之敝廬在。下妾不得與郊弔。齊侯弔諸其室。○劉向說苑。齊莊公攻莒。杞梁與莒戰。梁遂鬬殺二十七人而死。妻聞而哭。城爲之阤。而隅爲之崩。死。髡以此譏孟子仕齊無功。未足爲賢也

曰。孔子爲魯司寇。不用。從而祭。燔肉不至。不稅冕而行。不知者以爲爲肉也。其知者以爲爲無禮也。乃孔子則欲以微罪行。不欲爲苟去。君子之所爲。衆人固不識也。稅音脫爲肉爲無之爲去聲

按史記。孔子爲魯司寇。攝行相去聲下同事。齊人聞而懼。於是以女樂遺去聲魯君。季桓子與魯君往觀之。怠於政事。

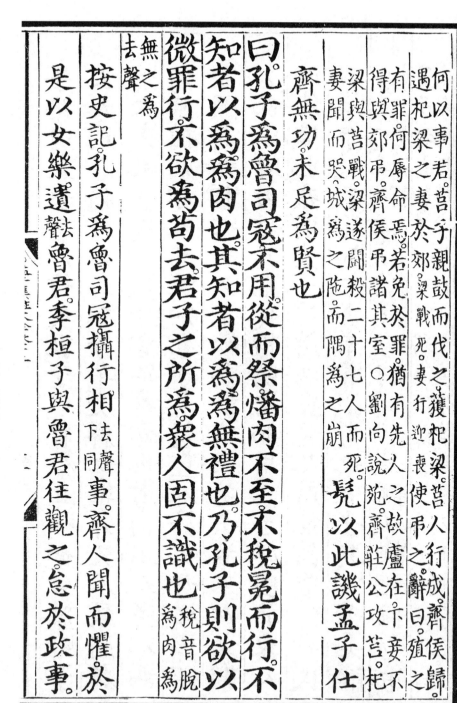

子路曰。夫子可以行矣。孔子曰。魯今且郊。如致膰音煩于大夫。則吾猶可以止。桓子卒受齊女樂。郊又不致膰俎于大夫。孔子遂行。孟子言以爲爲肉者。固不足道。以爲爲無禮。則亦未爲深知孔子者。蓋聖人於父母之國。不欲顯其君相之失。又不欲爲無故而苟去。故不以女樂去而以燔肉行。其見幾平聲明決而用意忠厚。固非衆人所能識也。然則孟子之所爲。豈髡之所能識哉○尹氏曰。淳于髡未嘗知仁。亦未嘗識賢也。宜乎其言若是南軒

張氏曰。孔子之去魯。非孟子發明於此。後世固亦未知也○慶源輔氏曰。觀孟子引孔子之事以答淳于髡。則

孟子之去齊。亦必有所爲而不欲言之者矣○汪氏曰。爲肉爲無禮。皆非知孔子。蓋不能用聖人而眈聲色。君

之大罪。燔肉不至。君之微罪。若不以微罪行而著君之
罪。則爲不仁。苟去。則爲不義。以微罪行。仁也。不爲苟去。
義也。君子之所爲。仁義而已。○新安陳氏曰。髡本辯口
滑稽之徒。始謂孟子去齊而未仁。孟子答以夷惠伊尹
或去或就。皆仁也。又謂有賢則必識之。孟子答以夫子
之去魯。亦豈髡所能識哉。反覆言古人事。未方以君子
自擬。以衆人指髡。髡雖譏孟子未立功而去。而孟子所
以去齊之故。終不自言以顯齊王之失。亦見幾明決而
用意忠厚焉。自謂所願則學孔子。今
觀其進退語默。宛然孔氏家法也

○孟子曰。五霸者。三王之罪人也。今之諸侯。五霸之罪人
也。今之大夫。今之諸侯之罪人也

趙氏曰。五霸。齊桓。晉文。秦穆。宋襄。楚莊也。三王。夏禹。商
湯。周文武也。丁氏曰。丁氏名公著。唐蘇州人夏昆吾。商大彭。豕韋。
周齊桓晉文。謂之五霸。註趙氏曰。丁氏說。本杜預春秋傳○新安陳氏曰。自王道衰。伯

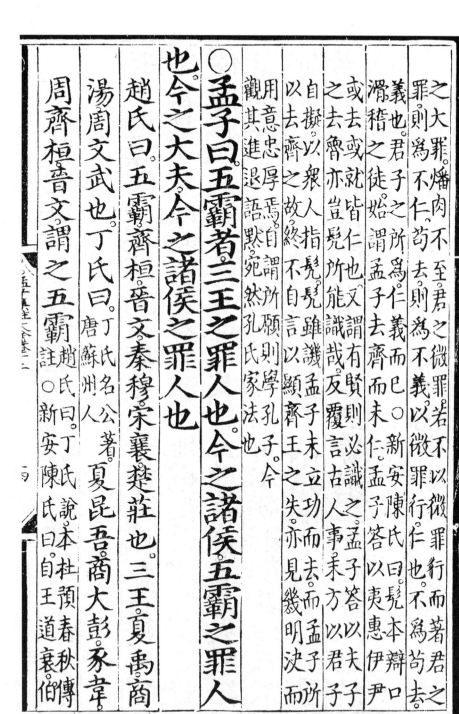

圖盛人惟知五伯之功豈敢議五伯之罪惟孟子崇王賤伯故以三王律五伯而名其爲罪人焉五伯宜從前

一說

天子適諸侯曰巡狩諸侯朝於天子曰述職春省耕而補不足秋省斂而助不給入其疆土地辟田野治養老尊賢俊傑在位則有慶慶以地入其疆土地荒蕪遺老失賢掊克在位則有讓一不朝則貶其爵再不朝則削其地三不朝則六師移之是故天子討而不伐諸侯伐而不討五霸者摟諸侯以伐諸侯者也故曰五霸者三王之罪人也朝音潮辟與闢同治去聲

慶賞也益其地以賞之也掊克聚斂力驗反也讓責也移

之者誅其人而變置之也。討者出命以討其罪而使方伯連帥帥上所類反下所律反諸侯以伐之也。伐者奉天子之命，聲其罪而伐之也。摟牽也。五霸牽諸侯以伐諸侯，不用天子之命也。新安陳氏曰：無王如此，使居三王之世，豈非罪人自入其疆至則有讓，言巡狩之事。自一不朝至六師移之，言述職之事。

南軒張氏曰：天子入諸侯之國，首察其土田，次詢其賢才。蓋爲國之道，莫先於農桑，莫要於人才也

五霸桓公爲盛。葵丘之會，諸侯束牲載書而不歃血。初命曰：誅不孝，無易樹子，無以妾爲妻。再命曰：尊賢育才，以彰有德。三命曰：敬老慈幼，無忘賓旅。四命曰：士無世官，官事無攝，取士必得，無專殺大夫。五命曰：無曲防，無遏糴，無有

封而不告。曰凡我同盟之人。既盟之後。言歸于好。令之諸侯皆犯此五禁。故曰今之諸侯五霸之罪人也。歃所洽反糴音狄好去聲

按春秋傳去聲僖公九年。葵丘之會。陳牲而不殺。讀書加於牲上。新安陳氏曰。威信服人。無事歃血。歃。歠也壹明天子之禁。樹。立也。已立世子。不得擅時戰反易。初命三事。所以脩身正家之要也。穀梁傳。僖公九年。九月戊辰。諸侯盟于葵丘。桓盟不日。此何以日。日。謂記其日美之也。爲見天子之禁。故備之也。葵丘之會。陳牲而不殺。讀書加於牲上。一明天子之禁。曰。毋雍泉。專水利毋訖糴。訖止也毋易樹子。毋以妾爲妻。毋以婦人與國事。與音預○慶源輔氏曰。一明天子之禁。但一意以明天子之禁而已。不孝。是惡之大者。故居首。世子必告於天子而後立。既立。則豈可擅自易之。不孝。是不子。易樹子。是不父。以妾爲妻。則無夫

婦別。之賓。賓客也。旅，行旅也。皆當有以待之，不可忽忘也。士世祿而不世官。恐其未必賢也。官事無攝，當廣求賢才以充之，不可以闕人廢事也。取士必得，必得其人也。無專殺大夫。有罪則請命于天子而後殺之也。無曲防。不得曲爲隄防，壅泉激水，以專小利，病鄰國也。無遏糴。鄰國凶荒，不得閉糴也。無有封而不告。不得專封國邑而不告天子也。新安陳氏曰：五命，卽載書之辭。才者育之，亞於尊賢，所以明貴德。言歸于和好，無構怨也。

長君之惡其罪小，逢君之惡其罪大。今之大夫，皆逢君之惡，故曰今之大夫，今之諸侯之罪人也。長，上聲。

君有過不能諫。又順之者。長君之惡也。君之過未萌。而先意導之者。逢君之惡也。南軒張氏曰。君有惡。承順而長之。固爲罪矣。逢君惡者。逆探君意而成之。罪尤大也。其詭祕姦譎爲甚。而戕賊蠹害尤深。蓋君萌不善之念。其始必有未安於心。未敢遽達也。已迎而安之。則其發也必果。君以爲已意未形於事而彼能先之。則其愛也必篤。故長君惡於外者。其罪易見。逢君惡於內者。其慝難知。易見者害淺。難知者害不可言也。自古姦臣之得君。未有不自逆探君意以成其惡。故君臣之相愛不可解。卒至於俱亡而後已。逢君之惡云者。可謂極小人之情狀矣。○慶源輔氏曰。長君之惡者。無能而巽懦。阿諛之人也。逢君之惡者。有才而傾險。陰邪之人也。○林氏曰。邵子有言。治春秋者不先治五霸之功罪。則事無統理。而不得聖人之心。春秋之間。有功者未有大於五霸。有過者亦未有大於五霸。故五霸者。功之首。罪之魁也。以上邵子之說孟子此章之義其亦若此也與（音余）然五霸得罪於三王今之諸侯得罪於五霸皆出於異世故得以逃其罪至於今之大夫宜得罪於今之諸侯則同時矣而諸侯非惟莫之罪也乃反以爲良臣而厚禮之不以爲罪而反以爲功何其謬（靡幼反）哉（慶源輔氏曰孟子雖取桓文之五命而又以五霸爲三王之罪人得春秋之大指矣）

○魯欲使愼子爲將軍

愼子魯臣

孟子曰不教民而用之謂之殃民殃民者不容於堯舜之世

教民者敎之禮義使知入事父兄出事長上聲上也用之使之戰也慶源輔氏曰能如是而教其民乃可以即戎使之敵愾禦侮臨戰之際皆如手足之捍頭目子弟之衛父兄矣不然則是陷之於死地也故謂之殃民在堯舜之仁政豈容之哉

一戰勝齊遂有南陽然且不可

是時魯蓋欲使慎子伐齊取南陽也故孟子言就使慎子善戰有功如此且猶不可新安陳氏曰就使僥倖克敵已驕敵怒禍方深耳況未必能且不免敗乎

慎子勃然不悅曰此則滑釐所不識也滑音骨

滑釐慎子名

曰吾明告子天子之地方千里不千里不足以待諸侯諸

侯之地方百里不百里不足以守宗廟之典籍

待諸侯謂待其朝覲聘問之禮宗廟典籍祭祀會同之常制也慶源輔氏曰觀此二句則知先王之制封國大小自有意義豈私意可得而損益之哉

周公之封於魯爲方百里也地非不足而儉於百里太公之封於齊也亦爲方百里也地非不足也而儉於百里

二公有大勳勞於天下而其封國不過百里儉止而不過之意也問王制與孟子同而周禮諸公之地封疆方五百里諸侯方四百里伯三百里子二百里男百里鄭氏以王制爲夏商制爲夏商中國方三千里周公斥而大之中國方七千里所以不同朱子曰鄭氏只文字上說得好看然甚不曉事情且如百里之國周人欲增到五百里須併四箇百里國地方做得一國其所併四國又當別裂地以封之如此則天下諸侯東遷西移改立宗廟社稷皆爲之騷動矣且如此趲去不數大國

便無地可容了。許多國何以處之。恐其不然。竊意其初只方百里。後來吞併遂漸漸大。如禹會諸侯於塗山執玉帛者萬國。到周時只千八百國。自非吞併。如何不見了許多國。武王時諸國地已大。武王亦不奈何。只得就而封之。當時封許多功臣之國。緣當初滅國五十。得許多空地可封。不然則周公。太公。亦自無安頓處。孟子百里之說。亦只是大綱如此說。不是實攷得見古制

今魯方百里者五。子以為有王者作則魯在所損乎在所益乎

魯地之大。皆幷吞小國而得之。有王者作則必在所損矣

徒取諸彼以與此。然且仁者不為。況於殺人以求之乎

徒空也。言不殺人而取之也。慶源輔氏曰。不殺人而取彼與此。仁者猶且不為。以

其非所當得故也。况於殃民而求廣土地者乎

君子之事君也務引其君以當道志於仁而已

當道謂事合於理。志仁謂心在於仁。華陽范氏曰。君子之事上也。引其君於正。小人之事上也。引其君於邪。君子引其君於仁義。引其君於愛民。引其君於納諫。引其君於恭儉。引其君於學問。此君子之所以引其君者志於仁而已矣。小人引其君於好利。引其君於好戰。引其君於用刑。引其君於拒諫。引其君於驕侈。此小人之所以引其君者不仁而已矣。伊尹以堯舜之道引成湯。故成湯爲堯舜之君。周公以文武之道引成王。故成王爲文武之君。此引其君以當道。榮夷公以專利引周厲王。故周亂。趙高以刑法引秦二世。故秦亡。此引君以當非道也。○西山眞氏曰。道之與仁。非有二也。以事之理而言則曰道。以心之德而言則曰仁。心存於仁。則其行無不合道矣。○新安陳氏曰。事合理。必不爭已所不當有之地。心存仁。必不殺人以爭地。二句不特可斷此一事。實臣事君之法也。殃民者仁之反。欲愼子導君以仁。不殃民而爲不

仁也

○孟子曰。今之事君者曰。我能爲君辟土地。充府庫。今之所謂良臣。古之所謂民賊也。君不鄉道。不志於仁。而求富之。是富桀也。爲去聲辟與闢同鄉與向同下皆同

辟。開墾口狠反也。朱子曰。鄉道。志仁。不可分爲二事。中庸曰。脩道以仁。孟子言不志於仁。所以釋不鄉道之實也。前章務引其君以當道。志於仁而已。亦言志仁之爲當道耳

我能爲君約與國。戰必克。今之所謂良臣。古之所謂民賊也。君不鄉道。不志於仁。而求爲之强戰。是輔桀也。

約。要平聲結也。與國。和好去聲相與之國也。新安陳氏曰。前是爲君富國剝下奉上者。此是爲君强兵戰勝攻取者。暴君之良臣。實治世之民賊。不能引君鄉道志仁。而導以不道不仁。助

桀爲虐者也

由今之道無變今之俗雖與之天下不能一朝居也

言必爭奪而至於危亡也

南軒張氏曰此章大抵與前章意同戰國之臣所以輔君者徒以能富國強兵爲忠而其君亦固以此爲臣之忠於我也而孟子以爲民賊何哉蓋君不鄉道不志於仁而但爲之富強之計則君益以驕肆而民益以憔悴是上成君之惡而下絕民之命也當時諸侯乃以民賊爲良臣豈不痛哉○新安陳氏曰自當時觀之孟子此論若迂且激既而六國吞暴秦亡此論豈不深中大驗此章與上章意實相類其因譏切慎子而繼發歟

○白圭曰吾欲二十而取一何如

白圭名丹周人也欲更平聲稅法二十分扶問反下同而取其一分林氏曰按史記白圭能薄飲食忍嗜時至反欲與童

僕同苦樂（音洛下同）樂觀時變人棄我取人取我與以此居積致富其爲此論蓋欲以其術施之國家也（勿軒熊氏曰按貨殖列傳白圭當魏文侯時李克務盡地力而白圭樂觀時變故人棄我取人取我予能薄飲食忍嗜欲與用事僮僕同苦樂趨時若猛獸鷙鳥之發曰吾治生猶孫吳用兵商鞅行法智不足以權變勇不足以斷決仁不能以取予强不能以有守雖欲學吾術皆不告也蓋世言治生者祖白圭）

孟子曰子之道貉道也（貉音陌）

貉北方夷狄之國名也

萬室之國一人陶則可乎曰不可器不足用也

孟子設喻以詰（契乙反）圭而圭亦知其不可也

曰夫貉五穀不生惟黍生之無城郭宮室宗廟祭祀之禮

無諸侯幣帛饔飧無百官有司故二十取一而足也夫音扶

北方地寒不生五穀黍早熟故生之得及未寒時生成饔飧以
飲食饋客之禮也

今居中國去人倫無君子如之何其可也

無君臣祭祀交際之禮是去人倫無百官有司是無君
子

陶以寡且不可以為國況無君子乎

因其辭以折之

欲輕之於堯舜之道者大貉小貉也欲重之於堯舜之道
者大桀小桀也

什一而稅堯舜之道也。多則桀。寡則貉。今欲輕重之。則是小貉小桀而已。慶源輔氏曰。什一。中正之制也。故以爲堯舜之道。三代聖人。雖因時損益有所不同。然一本於中正。則無以異也。惟其中正。所以行之天下而安。傳之萬世而無弊。周衰。王制盡廢。兼幷之俗起。而貧富遂以不均。白圭屢身禁欲。樂觀時變。知取知予。以此居積致富。此三代盛時所無有也。其犯先王之禁大矣。顧乃私憂過計。創爲輕賦之說。欲以其術施之國家。故孟子明辨其不可。觀其始則取其事之易辨者以開其智。中則歷陳其不可之實以破其說。末則舉堯舜之道不可得而輕重者。使之有所歸著。亦可謂委曲詳盡矣。○雲峯胡氏曰。易曰。節以制度。必先言中正以通。蓋堯舜之道。中而已。重之輕之。皆非中也。可行於夷狄。不可通行於天下。可行於一時。不可通行於萬世。○新安陳氏曰。彼眞貉眞桀爲大者。此爲小者也。

○白圭曰。丹之治水也愈於禹。

趙氏曰。當時諸侯有小水。白圭爲去聲之築堤壅委恐反而

注之他國

孟子曰子過矣禹之治水水之道也

順水之性也

是故禹以四海爲壑今吾子以鄰國爲壑

壑受水處也

水逆行謂之洚水洚水者洪水也仁人之所惡也吾子過矣

惡去聲

水逆行者下流壅塞故水逆流今乃壅水以害人則與洪水之災無異矣

勿軒熊氏曰按白圭自言善治生有智仁强勇四術然築堤壅水不能行所無事則不智以鄰國爲壑利己害人則不仁所謂强勇亦愚悍自信而已此戰國富强之術故深抑之 ○新

安陳氏曰。禹除天下之害。順水之性而委之於海。圭除一國之害。不順水之性而但委之於鄰。是禹爲天下除害。而圭乃爲鄰國之害也。不仁甚矣

○孟子曰。君子不亮。惡乎執。惡平聲

亮信也。與諒同。惡乎執。言凡事苟且。無所執持也。朱子曰。考之說文。古無亮字。以爲與諒通者近之。然諒有二訓。止訓信者。友諒之類是也。訓必信者。貞而不諒是也。○南軒張氏曰。諒對貞而言。則專於諒者未必貞也。以己之私意爲諒。非諒之正也。孟子之言諒。諒之正也。○慶源輔氏曰。此與論語人而無信章同意。此以守言。彼以行言也。○汪氏曰。執諒體常也。不諒通變也。

○魯欲使樂正子爲政。孟子曰。吾聞之。喜而不寐。

喜其道之得行

公孫丑曰。樂正子強乎。曰。否。有知慮乎。曰。否。多聞識乎。曰。

否知去聲

此三者皆當世之所尚而樂正子之所短故丑疑而歷問之

然則奚爲喜而不寐

丑問也

曰其爲人也好善好善足乎好去聲下同

丑問也

曰好善優於天下而況魯國乎

優有餘裕也言雖治天下尚有餘力也趙氏曰善取於己則有盡善取於人則無窮此其所以雖治天下猶有餘力也

夫苟好善則四海之內皆將輕千里而來告之以善夫音扶下同
輕易去聲也言不以千里為難也
夫苟不好善則人將曰訑訑予既已知之矣訑訑之聲音
顏色距人於千里之外士止於千里之外則讒諂面諛之
人至矣與讒諂面諛之人居國欲治可得乎訑音移治去聲
訑訑自足其智不嗜善言之貌慶源輔氏曰世間此等人亦甚多然其所謂智
者是乃所以為愚也然原其始則起於予既已知之之意萌于中而已可不畏乎○新安陳氏曰距與拒通前
漢汲黯傳智足以距諫亦用此距字君子小人迭為消長上聲直諒多聞之
士遠則讒諂面諛之人至理勢然也○此章言為政不

在於用一己之長而貴於有以來天下之善南軒張氏曰好善誠篤非舍己私者不能能舍己則中虛虛則能來天下之善於爲天下何有蓋善者天下之公也自以爲是則專己而絕天下之公理蔽孰甚焉

○陳子曰古之君子何如則仕孟子曰所就三所去三

其目在下

迎之致敬以有禮言將行其言也則就之禮貌未衰言弗行也則去之

所謂見行可之仕若孔子於季桓子是也受女樂而不朝灕則去之矣

其次雖未行其言也迎之致敬以有禮則就之禮貌衰則

去之

所謂際可之仕。若孔子於衛靈公是也。故與公遊於囿。公仰視蜚與飛同鴈而後去之史記孔子世家。孔子反乎衛。入主蘧伯玉家。他日靈公問兵陳。孔子曰。俎豆之事。則嘗聞之。軍旅之事。未之學也。明日與孔子語。見蜚鴈。仰視之。色不在孔子。孔子遂行。復如陳

其下朝不食。夕不食。飢餓不能出門戶。君聞之曰。吾大者不能行其道。又不能從其言也。使飢餓於我土地。吾恥之。周之亦可受也。免死而已矣

所謂公養之仕也。君之於民。固有周之之義。況此又有悔過之言新安陳氏曰。所謂大者。以大節論。所謂又者。以其次言也。所以可受。然未

至於飢餓不能出門戶。則猶不受也。其曰免死而已。則其所受亦有節矣。

朱子曰。孟子言所就三。所去三。其上以言之行不行爲去就。此仕之正也。其次以禮貌衰未衰爲去就。又其次至於不得已而受其賜。則豈君子之本心哉。蓋當是時。舉天下莫能行吾言矣。則有能接我以禮貌而周我之窮困者。豈不善於彼哉。是以君子以爲猶可就也。然孟子蓋通上下言之。若君子之自處則在所擇矣。孟子於其受賜之節。又曾究言之曰。飢餓不能出門戶。則周之亦可受也。明未至於如是之貧則不可受。免死而已矣。言受之有限。不求贏餘。明不多受也。○慶源輔氏曰。言將行其言也則就之。爲道而仕也。迎之致敬以有禮則就之。爲禮而仕也。道在我。禮在彼。至於周之亦可受。此君子之不得已也。集註恐後之貪利苟得者。以是藉口而全不顧義。遂流於欲而不知也。故言此以防警之。然使上之賜下止周其身。下受其賜止以免其死。則時可知矣。○雲峯胡氏曰。本文初言去就各有三。至其目則上兩節言去就。末一節獨不言。蓋飢餓不能出門戶。是欲去而不能去者。故周之。不曰可就。而曰亦可受。觀亦之辭。見其瀕死不

容不受。而曰免死而已。則亦未嘗過受也。君子於去就辭受之際。可謂嚴矣。此孟子答古之君子之問也。今之君子何如哉

○孟子曰。舜發於畎畝之中。傅說舉於版築之閒。膠鬲舉於魚鹽之中。管夷吾舉於士。孫叔敖舉於海。百里奚舉於市。說音悅

舜耕歷山。三十登庸。說築傅巖。武丁舉之。膠鬲遭亂。鬻余六反販方萬反魚鹽。文王舉之。管仲囚於士官。桓公舉以相去聲國。孫叔敖隱處上聲海濱。楚莊王舉之爲令尹。百里奚事見形甸反前篇。新安陳氏曰。舜。聖人。且君也。故只曰舉。發傅說以下五賢皆臣也。故皆曰舉

故天將降大任於是人也。必先苦其心志。勞其筋骨。餓其

體膚。空乏其身。行拂亂其所爲。所以動心忍性。曾益其所不能。曾與增同

降大任。使之任大事也。若舜以下是也。空。去聲窮也。乏。絶也。拂。戾也。言使之所爲不遂。多背音佩戾也。動心忍性。謂竦荀勇反動其心。堅忍其性也。然所謂性。亦指氣禀食色而言耳。朱子曰。動其仁義禮智之心。忍其聲色臭味之性。○慶源輔氏曰。竦動其心則心活。堅忍其性則性定。心活則不爲欲所役。性定則不爲氣所動。○雲峯胡氏曰。或謂孟子嘗曰不動心。此曰動心忍性。何也。曰。彼言不動心。是處富貴而富貴不能變動其心也。此言動心。是處貧賤而貧賤有以竦動其心也。譬之水。動心。是浚得源頭活水衮衮出來。不動心。是水之流不爲沙泥所涸。不爲波流所汩也。養性者。養其本然天命之性。不使之有所動於外。忍性者。忍其氣禀食色之性。不使之有所動於中。○新安陳氏曰。分配之。苦心

志所以動心。動心則善念由此生。勞餓空乏所以忍性。忍性則物慾由此窒。拂亂所爲所以增益前所不能者。而能之。則德業由此進。舜大聖人。未必盡由此。而窮苦之迹實如此。履此豈無所警省。若傳說以下所以能當大任。實由乎此也

程子曰。若要熟也須從這裏過朱子曰。只是要事事經歷過。似一條路。須每日從上面往來行得熟了。方認得許多險阻去處。若素不曾行。忽然一旦撞行去。少間定墮坑落塹也○慶源輔氏曰。人不經憂患困窮頓挫摧壓。則心不平氣不易。察理不盡。處事多率。故謂人若要熟須從這裏過○潛室陳氏曰。更嘗變故多。則閱義理之會熟。熟謂義理與自家相便習。如履吾室中

人恒過。然後能改。困於心。衡於慮。而後作。徵於色。發於聲。而後喻衡與横同

恒胡登反常也。猶言大率也。横。不順也。作。奮起也。徵知盈反驗也。喻。曉也。此又言中人之性。常必有過。然後能改。新安

陳氏曰。下文所謂作與喻。即是改過之事。蓋不能謹於平日。故必事勢窮蹙以至困於心。橫於慮。然後能奮發而興起。不能燭於幾平聲微。故必事理暴著。以至驗於人之色。發於人之聲。然後能警悟而通曉也。朱子曰。困心衡慮者。心覺有其過。徵色發聲者。其過形於外。○慶源輔氏曰。舜大聖人之事。傳說而下。皆上智之事。自人恒過而下。則中人之事也。纔言恒過而後能改。便見是中人之性矣。下兩句只是改過之事。雖是不能謹於平日。至於事勢窮蹙。困心衡慮。始能奮發而興起。然畢竟是其才尚足以有為。雖是不能燭於幾微。至於事理暴著。徵色發聲。始能警悟而通曉。然畢竟是其智尚足以有察。如此。故亦可以進於善。若至是而猶不之覺焉。則下愚而已

入則無法家拂士。出則無敵國外患者。國恒亡。拂與弼同

此言國亦然也。慶源輔氏曰。上既言上智中人之事矣。故此推言在國亦然法家法

度之世臣也。拂士輔弼之賢士也。新安陳氏曰。人主爲國。內有守法持正者規諫之。外有敵國外患以警懼之。則不敢縱肆而國可保。否則驕縱而國亡矣

然後知生於憂患。而死於安樂也。樂音洛

以上文觀之。則知人之生全出於憂患。而死亡由於安樂矣。新安陳氏曰。憂患未必便生。然憂患則警戒而其慮深。有生全之理。結章首至而後喻一截。安樂未必便死。然安樂則多怠肆而其志荒。有死亡之理。結入則無法家至國恒亡一節。自困而亨。上聖且然。諸賢皆然。中人則待有過而後能然。爲國者亦莫不然也。大槩此章言處困苦憂患之意多。安樂即憂患之反也。○

尹氏曰。言困窮拂鬱。能堅人之志。而熟人之仁。雲峯胡氏曰。必堅忍其志。然後自至於熟。堅志。是入德路頭。熟仁。是成德地步。以安樂失之者多矣。南軒張氏曰。知生於憂患而死於安樂。生言生之道。死言死之道也。繼體之君。公侯之裔。生處安樂。無憂患可歷。則

如之何必也念安樂之可畏思天命之無常戒謹恐懼不敢有其安樂是乃困心衡慮之方生之道也死於安樂非安樂能死之以溺於安樂而自絕焉耳故在君子則雖處安樂而生理未嘗不遂在小人則雖處憂患而死亦恐不免窮斯濫是也○勉齋黃氏曰恐懼脩省常生於憂患驕奢淫泆必起於宴安當阨窮困躓之餘其操心危其慮患深其刻厲奮發以進於善有不期然者矣○新安陳氏曰張子西銘云富貴福澤將厚吾之生貧賤憂戚庸玉汝於成後二句即孟子此章之意前二句孟子所未言也人能知此則處憂患者固可生處安樂者亦不死矣盡心上篇有德慧章意與此合當參看動心是充廣道心忍性是節制人心一是擴天理一是遏人欲

○孟子曰教亦多術矣予不屑之教誨也者是亦教誨之而已矣

多術言非一端屑潔也不以其人爲潔而拒絕之所謂

不屑之教誨也。其人若能感此。退自脩省。悉井反則是亦我教誨之也朱子曰。趙氏註。屑。潔也。考孟子不屑就。與不屑不潔之言。屑字皆當作潔字解。不屑之教誨。謂不以其人爲潔而教誨之。如坐而言不應隱几而卧之類。○新安陳氏曰。不屑教。非忍而絕之。實將激而進之。是亦多術中教誨之一術也。孔子於孺悲。孟子於滕更皆是○尹氏曰。言或抑或揚。或與或不與。各因其材而篤之。無非教也

孟子集註大全卷之十二

孟子集註大全卷之十三

盡心章句上

凡四十六章

孟子曰：盡其心者，知其性也。知其性，則知天矣。

心者，人之神明，所以具衆理而應萬事者也。新安陳氏曰：心者，神明之舍。具衆理，心之體也；應萬事，心之用也。大學章句釋明德，或問釋致知之知字，此釋心字，大槩三處互相發云。性則心之所具之理，而天又理之所從以出者也。人有是心，莫非全體，然不窮理，則有所蔽而無以盡乎此心之量。去聲。故能極其心之全體而無不盡者，必其能窮夫音扶。理而無不知者也。既知其理，則其所從出亦不外是矣。朱子曰。天者。理之自然。而人之所由以生者也。性者。理之全體。而人之所得以生者也。心則人之所以主於身而具是理者也。天大無外。而性禀其全。故人之本心。其體廓然亦無限量。惟其梏於形氣之私。滯於聞見之小。是以有所蔽而不盡。人能即事即物。窮究其理。至於一日會通貫徹而無所遺焉。則有以全其本然之體。而吾之所以爲性與天之所以爲天者。皆不外此而一以貫之矣。伊川云。盡心然後知性。此不然。盡字大。知字零星。性者。吾心之實理。若不知得。却盡箇甚。惟就知上積累將去。自然盡心。人能盡其心者。只爲知其性。此句文義與得其民者得其心也相似。者字不可不仔細看。○人之所以盡其心者。以其知其性故也。蓋盡心與存心不同。存心即操存求放之事。是學者初用力處。盡心則窮理之至。廓然貫通之謂。所謂知性。即窮理之事也。須是窮理。方能知性。知性之盡。則能盡其心矣。○性以賦於我之分而言。天以公共道理而言。天便是箇大底人。人便是箇小底天。吾之仁義禮智。即天之元亨利貞。凡吾之所有者。皆自彼而來也。故知吾性。則自然知天矣。○問如何是天者理之所出。曰。天便是那太虛。但能盡心知性。則天便不外是矣。○慶源輔氏曰。知性而盡心者。譬如家主盡識一家所有之物。然後隨取隨有。隨用隨足。方盡得家主之職。知性而知天。如家主既識得家中之物。則自然知此物是何從而來也。○陵陽李氏曰。性與心初無間。而知與盡則有序。性與心無間。則知性故能盡心。知與盡有序。則謂盡之爲先而知之爲後。是失其先後之倫也。以大學之序言之。知性則物格之謂。盡心則知至之謂也。問盡心今既定作知至說。則知天一條當何繫屬。繫之知性之下。盡心之前。與知性俱爲一衮事耶。抑繫之盡心之下。乃知至又精熟底事耶。朱子曰。知其性則知天矣。據此文勢只合在知性裏說。○問四十而不惑。五十而知天命。不惑。謂知事物當然之理。知天命。謂知事物之所以然。便是知天知性之說否。曰。然

存其心養其性所以事天也

存謂操平聲而不舍。上聲養謂順而不害。事則奉承而不違也。朱子曰。先存心而後養性。存得父子之心盡。方養得仁之性。存得君臣之心盡。方養得義之性。存之養之

即是事心。性即是天。故曰所以事天也。知性是知得性中物事。既知得，須盡知得，方始是盡心。存其心，養其性，方始是做工夫處。如大學物格而后知至。物格者，物理之極處無不到，知性也。知至者，吾心之所知無不盡，心也。至於意誠，則存其心，養其性也。聖人說知必說行。○存心者，氣不逐物而常守其至正也。養性者，事必循理而不害其本然也。○心性皆天之所以與我者，不能存養而梏亡之，則非所以事天也。夫心具性，敬以存之，則性得其養而無所害矣。此君子之所以奉順乎天。蓋能盡其心而終之之事，顏冉所以請事斯語之意。故敬者學之終始，所謂徹上徹下之道也。○問：盡心存心，盡莫是極至地位，存莫是初存得這心否？曰：盡心也未說極至，只是凡事便須理會教十分周足，無少闕漏處，方是盡。存也非獨是初工夫，初間固是操守存在這裏，到存得熟後，也只是存。這存字無始終，只存這裏。○慶源輔氏曰：心是活物，須是操則存，不然便放去矣。性是實理，須當順之而不害。害謂違悖而戕傷之。性本不可以戕傷言，但爲自家違悖了，便是戕傷之也。奉承之而不違，便只是存心養性事。○問：盡心知性，存心養性，上是知工夫，下是行工夫。然上一節知性在先，盡心在後，下一節存心在先養性在後何也潛室陳氏曰知性即窮理格物之學是工夫最先者盡心即大學知至境界存心即誠意正心之謂養性在其中矣非存心外別有所謂養性工夫故養性在存心下○新安陳氏曰人能存心養性然後能事事合理順事乎天而無愧於天之所以賦予我者此西銘所以曰存心養性爲匪懈又曰存吾順事存心養性即所以順事之本也

殀壽不貳脩身以俟之所以立命也

殀壽命之短長也貳疑也不貳者知天之至脩身以俟死則事天以終身也立命謂全其天之所付不以人爲害之朱子曰殀壽不貳不以死生爲吾心之欣戚也不貳是不疑若一日未死一日要是當百年未死百年要是當這便是立命既不以殀壽貳其心又須脩身以俟方始能立命不以殀壽動心一向亂做又不可殀壽不貳便是知性知天之力脩身以俟便是存心養性之功立命一句更用通下章看此與西銘都相貫穿

殀壽之不齊。蓋氣之所禀有不同者。不以悅戚二其心。而惟脩身以俟之。則天之正命自我而立。而氣禀之短長非所論矣。○慶源輔氏曰。徇私以賊理。縱欲以傷生。皆所謂以人爲害之也。○新安陳氏曰。命之短長。此命字以氣言。立命此命字兼理與氣言。○程子曰。心也性也天也。一理也。自理而言謂之天。自禀受而言謂之性。自存諸人而言謂之心。張子曰。由太虛有天之名。由氣化有道之名。合虛與氣有性之名。合性與知覺有心之名。朱子曰。由太虛有天之名。由氣化有道之名。此是總說。合虛與氣有性之名。合性與知覺有心之名。此就人上說。四句本只是一箇太虛。漸細分說得密耳。由太虛有天之名。便是四者之總體而不雜乎四者之言。由氣化有道之名。氣化者那陰陽造化。金木水火土皆是。太虛便是太極圖上面一圓圈。氣化便是陰靜陽動。合虛與氣有性之名。有這氣便有這理。隨在這裏。若無此氣。這理在甚處安頓。合性與知覺有心之名。知覺又是那氣之虛處。聰明視聽作爲運用。皆是知覺。有是物。則有是理與氣。故有性之名。若無是物。則不見理之所寓。由太虛有天之名。只是據理而言。由氣化有道之名。由氣之化。各有生長消息底道理。故有道之名。既已成物。則物物各有理。故曰合虛與氣有性之名。○九峯蔡氏曰。橫渠四語。只是理氣二字而細分。由太虛有天之名。即無極而太極之謂。以理言也。由氣化有道之名。即一陰一陽之謂道之謂。以氣言也。合虛與氣有性之名。即繼之者善成之者性之謂。以人物稟受而言也。合性與知覺有心之名。即人心道心之謂。以心之體而言也。○趙氏曰。集註並擧程張二說。正欲學者於三者同處分析得異處分明。於異處體會得同處親切耳。○新安陳氏曰。天者理而已。惟以理言則幾於泛。以形體謂之天。惟以形體言則涉於淺。今曰太虛。則虛空之中有太極之理。此由太虛所以有天之名也。一陰一陽之謂道。所以一陰而又一陽。一陽而又一陰者。氣之化也。化云者。所以然之妙也。此由氣化所以有道之名也。合太虛之虛與氣化之氣。理寓於氣而具於人。此合虛與氣所以有性之名也。性。理也。知覺所以知覺此理也。偏言知覺。惟見氣之靈耳。必合性與知覺言之。所以有心之名也。以此剖析之。其庶幾乎。

愚謂

盡心知性而知天。所以造七到反其理也。存心養性以事天。所以履其事也。不知其理，固不能履其事，然徒造其理而不履其事，則亦無以有諸己矣。慶源輔氏曰：不知其理，則冥行妄作而已。不履其事，則必至於妄想空虛。知天而不以殀壽貳其心，智之盡也。事天而能脩身以俟死，仁之至也。智有不盡，固不知所以為仁。然智而不仁，則亦將流蕩不法，而不足以為智矣。朱子曰：盡心者，私智不萌，萬理洞貫，斂之而無所不具，擴之而無所不通之謂也。學至於此，則知性之為德無所不該，而天之為天者不外是矣。存者存此而已。養者養此而已。生死不異其心，而脩身以俟其正，則不拘乎氣禀之偏，而天之正命自我立矣。○大槩此章所謂盡心者，物格知至之事，曾子所以一唯而無疑於一貫之言者是也。所謂事天者，誠意正心脩身之事，曾子所以臨深履薄而無日不省其身者是也。所謂立命者，如是以沒身焉。曾子所以啓手足而知免。得正斃而無求者是也。以是推之。二章之指略可見矣。○節齋蔡氏曰。孟子此章與大學中庸相表裏。窮其理以知天。即中庸所謂智也。履其事以事天。即中庸所謂仁也。殀壽不貳。脩身以俟死。所以立命而不渝。即中庸所謂勇也。與大學合。前屢言矣。○雲峯胡氏曰。欲造其理者。用工全在知性上。知性有工夫。盡心無工夫。盡是大段見功。知是積累用功。欲履其事者。用工全在存心上。存心有工夫。養性無大工夫。存者。操之而不舍。養。不過順之而不害耳。集註分理與事言。又分智與仁言。何也。蓋能知其理。已自是智。然必不以殀壽貳其心。方見其爲智之盡。能踐其事。已自是仁。然必脩身以俟死。方見其爲仁之至。流蕩不法四字。讀者多以爲指異端之學言。愚見流蕩與存養字相反。不法與脩字相反。能存養則不至於流蕩矣。能脩身則所爲無不法者矣。流蕩不法。則是不能全其天之所與。而以人爲害之者也。

○孟子曰。莫非命也。順受其正。

人物之生。吉凶禍福。皆天所命。然惟莫之致而至者。乃爲正命。故君子脩身以俟之，所以順受乎此也。此字指正命。○朱子曰：莫非命也。此一句是活絡在這裏，看他如何來。然在天言之，皆是正命。在人言之，便有正有不正。此命字是指氣言。若我無以致之，則命之壽殀皆是合當如此者。如顏子之夭、伯牛之疾是也。○雲峯胡氏曰：莫非命也。凡有生者之所同。順受其正。能脩身者之所獨。○新安陳氏曰：此命字，氣也。順受其正，理也。立巖墻下，非理也。盡道而死，理也。桎梏死，非理也。君子必以理御氣。

是故知命者不立乎巖墻之下。

命，謂正命。巖墻，墻之將覆者。知正命，則不處上聲危地以取覆壓之禍。慶源輔氏曰：立乎巖墻之下，以致覆壓而死，則乃是人所自取耳，非天爲之也。蓋巖墻有傾覆之勢，自家却去下面立地，便是自取其覆壓也。是故君子戰戰兢兢，如履薄氷，非禮勿動。○雲峯胡氏曰：集註於此命字必曰正命者，蓋上文有莫非命也一句，故死於巖墻之下亦命也，但非正命爾。惟知正命

者。則不立乎巖墻之下。○新安陳氏曰。巖墻下。理不當立。立而壓死。人所自取。非正命也

盡其道而死者。正命也

盡其道則所值之吉凶。皆莫之致而至者矣。問人或死於干戈死於患難。如比干之類。亦是正命乎。朱子曰。固是正命。又問以理論之。則謂之正命。以死生論之。則非正命。如何。曰。如何恁地說得。盡其道而死者。正命也。當死而不死。却是失其正命。此處須當活看。古人所以殺身成仁。舍生取義。學者須是於此處見得。臨利害時。便將自家所對了。直須是壁立萬仞始得。如今小有利害。便生計較。便說道。恁地死非正命。如何得。○新安陳氏曰。盡其道。即上章所謂脩身是也

桎梏死者。非正命也

桎梏。所以拘罪人者。桎。音質。足械也。梏。姑沃反。手械也。言犯罪而死。新安陳氏曰。不盡其道而有罪爲犯罪。若在縲紲非其罪者。不謂之犯罪。與立巖墻之下者同。

皆人所取非天所爲也問桎梏死者雖非正命然亦以命言。此乃自取。如何謂之命。朱子曰。亦是自作而天殺之。但非正命耳。使文王死於羑里。孔子死於桓魋。却是正命。○新安陳氏曰。天之命於人。吉凶禍福。死生壽殀。雖萬變而不齊。人之事乎天。必盡其道。有正無邪。則一定而不易。能盡其道。而値其吉且福且壽者。固正命也。此似有以致之。然我惟知自盡其道耳。初非有所覬覦於天而爲之也。盡道而吉福壽自至焉。非天命之正而何。苟盡其道。不幸而値凶禍夭。是我於道理本無愧。不過自値乎凶禍夭耳。非我有以致之而然。是亦命之正也。必不盡其道。自取禍敗喪亡。則自有以致之。始不得爲正命耳 ○此章與上章蓋一時之言。所以發其末句未盡之意潛室陳氏曰。凡死雖均是命。但盡道而無憾者爲正。比干雖殺身。正也。盜跖雖永年。非正也。知。謂知此道理。立。謂盡此道理。不惑於死生壽夭。壹是天理排定。是謂知命。既知得了。不成一向委付於命。須是盡了自家身分上道理。無少虧欠。方是立命。盡此道理了。憑時死。才無憾。是謂正命 ○雲峯胡氏曰。前章末句言立命。是全其天之所付。而不以人爲害之者也。此所謂桎梏死。及死于巖墻之下。是不知正命。未免流蕩不法。而以人爲害之矣。立命是已造聖賢之域。知命是方入聖賢之階。立在知後。知在立先

○孟子曰。求則得之。舍則失之。是求有益於得也。求在我者也。舍上聲

在我者。謂仁義禮智凡性之所有者

求之有道。得之有命。是求無益於得也。求在外者也

有道。言不可妄求。有命。則不可必得。在外者。謂富貴利達凡外物皆是。命字以氣言 ○趙氏曰。言爲仁由己。富貴在天。如不可求。從吾所好。去聲 ○朱子曰。富貴身外之物。求之惟恐不得。縱使得之。於身心無分毫之益。況不可必得乎。若義理。求則得之。能不喪其所有。可以爲聖爲賢。利害甚明。○南軒張氏曰。言

求在我者有益於得。所以擴天理也。言求在外者無益於得。所以遏人欲也。富貴利達衆人謂已有求之之道。然不知其有命焉。固有求而得之者矣。是亦有命而非求之能有益也。蓋亦有巧求而不得者多矣。以此可見其無益於得也。○新安陳氏曰。此章言仁義禮智根於性。乃所當求。富貴利達制於命。不可必求也

○孟子曰。萬物皆備於我矣

此言理之本然也。大則君臣父子。小則事物細微。其當然之理。無一不具於性分去聲之内也

反身而誠。樂莫大焉樂音洛

誠實也。言反諸身而所備之理皆如惡去聲惡臭好去聲好色之實然。則其行之不待勉強上聲而無不利矣利順也其爲樂孰大於是朱子曰。萬物不是萬物之迹。只是萬物之理。如君臣之義。父子之親。這道理本

備於吾身。誠是實有此理。檢點自家身上果無欠缺。事君眞箇忠。事父眞箇孝。莫不各盡其當然而無一毫之不盡。則仰不愧天。俯不怍人。自然是快活。然反之於身有些子不實。則中心愧怍。不能以自安。如何會樂。横渠謂反身而誠則不慊於心。此説極有理。○反身而誠見得本具是理。而今亦不曾虧欠了他底。若不反身而誠。只是天下公共之理。我無與焉。○此乃躬行之至。無一理不實有於吾身。非爲一時見處發也。如仁義忠孝應接事物之理。皆眞有之。而非出於勉强僞爲也。此是見得透。信得及處。到此地位。則推己及物。不待勉强而仁在我矣。下言强恕而行者。蓋言未至於此。則當强恕以去己私之蔽。而求得夫天理之公也。○潛室陳氏曰。反諸身者既是萬理皆實。即渾身是義理流行。何處不順裕。苟於實理無得。即觸處滯礙。無往而非逆境。何樂之有。○雲峯胡氏曰。此一反字。只是自檢點過。不是湯武反之之反。

强恕而行。求仁莫近焉。强上聲

强。勉强也。恕。推己以及人也。反身而誠則仁矣。其有未誠則是猶有私意之隔而理未純也。故當凡事勉强推己及人。庶幾平聲心公理得而仁不遠也。朱子曰。强恕不言忠。無忠何以爲恕。蓋有心爲恕。則忠固在其中矣。所謂無忠做恕不出。兩字不容去一者。正謂此也。若自己心裏元自不實不盡。更將何物推以及人。以此見凡說恕字必有忠字在源頭了。今人皆不忠之恕。惟務苟且於一時。不復有己可推。亦無復近仁矣。○反身而誠。則恕從這裏流出。不用勉强。未到恁田地。須是勉强。○問强恕而行。曰。此是元不曾恕在。故當凡事勉强推己及人。若反而誠。則無待於勉强矣。强恕而行。是要求至於誠。○雲峯胡氏曰。强恕求仁。即誠之之事。◯此章言萬物之理具於吾身。體之而實。則道在我而樂音洛有餘。聖賢之事。行之以恕。則私不容而仁可得。學者之事。○朱子曰。反身而誠。自然循理。所以樂。强恕而行。且恁地把捉勉强做去。萬物皆備於我。下文反身强恕。皆蒙此句爲義。强恕者。亦是他見得萬物皆備於我了。只爭着一箇反身而誠。便須要强恕上做工夫。亦只是要去箇私意而已。私意既去。則萬物自無欠缺處矣 ○新安陳氏曰。樂莫大焉。必以無不慊俯不愧。俯不怍形容。方見樂之味。集註雖不用此語。然曰知惡惡臭好好色之實。然則是以大學誠意章自慊之意言之。而此意已在其中矣。誠與仁。一理耳。實有此理。則曰誠。純乎此理而無私。則曰仁。未有誠而不仁者也。亦未有仁而不誠者也

○孟子曰。行之而不著焉。習矣而不察焉。終身由之而不知其道者衆也

著者。知之明。察者。識之精。慶源輔氏曰。著則明之而已。察則又加精焉言方行之而不能明其所當然。既習矣而猶不識其所以然。習。謂行之積習既久所以終身由之而不知其道者多也慶源輔氏曰。所當然是就事上說。所以然是就理上說。凡事皆有所當然必有理之所以然。人能於方行之時。明其事之所當

然。既習之後又識其理之所以然。則能知夫道矣○勿軒熊氏曰。此與上章通言有此三等人。反身而誠。上也。強恕而行次也。此承上章而言。下等人也○新安陳氏曰。天下事物有當然之則。必有所以然之故。行而不明當然之則。習而不察所以然之故。此爲凡人言也。易曰百姓日用而不知。終身由之而不知其道。於凡人無責也。學者則不當然矣。孟子斯言。其亦憫凡人而不無望於學者與

○孟子曰。人不可以無恥。無恥之恥。無恥矣

趙氏曰。人能恥己之無所恥。是能改行去聲從善之人。終身無復扶又反有恥辱之累矣南軒張氏曰。恥者羞惡之心所推也。恥吾之未能進於善則善可遷。恥吾之未能遠於過則過可消。苟惟漠然無所恥。則爲無所忌憚而已矣。故人當以無所恥爲恥也○慶源輔氏曰。恥者改過遷善之機也。人能以己之無恥爲恥。則思去其恥而恥可無。否則安於其恥而恥終不可免

○孟子曰恥之於人大矣

恥者吾所固有羞惡去聲之心也存之則進於聖賢失之則入於禽獸故所繫爲甚大慶源輔氏曰存之則有所不爲故可進於聖賢失之則無所不爲故至入於禽獸讀之使人凜凜

爲機變之巧者無所用恥焉

爲機械下戒反變詐之巧者所爲之事皆人所深恥而彼方且自以爲得計故無所用其愧恥之心也慶源輔氏曰陷溺其心於機械變詐之巧則是無所不爲者也故人雖以爲深恥而已方自以爲得計其愧恥之心雖其固有亦自窒塞而不復發見矣○雲峯胡氏曰爲機變之巧此巧字便與恥字相反恥則守正而有所不爲巧則行險而無所不爲雖其本心未嘗無恥而彼方自矜其爲之之巧則無所用其恥矣周夫子拙賦正是深貶此一巧字

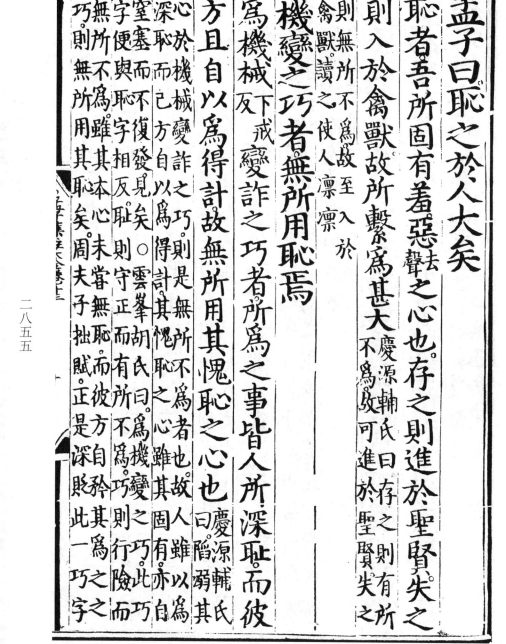

不恥不若人。何若人有
但無恥一事不如人。則事事不如人矣。或曰。不恥其不
如人。則何能有如人之事。其義亦通。新安陳氏曰。前說以不恥爲無恥。不
如後說之明順。其意蓋曰。恥不如人。則漸能如人。不恥其不如人。則何能如人之有或問人有恥
不能之心。如何。程子曰。恥其不能而爲之可也。恥其不
能而掩藏之不可也慶源輔氏曰。程子是用後說。恥不能而爲之。則終必能。是以貴夫恥
也。恥不能而掩藏之。則終不能矣。是不能擴充夫恥也
○孟子曰。古之賢王好善而忘勢。古之賢士何獨不然。樂
其道而忘人之勢。故王公不致敬盡禮。則不得亟見之。見
且猶不得亟。而況得而臣之乎。好去聲樂音洛亟去吏反

言君當屈己以下（去聲降也）賢士不枉道而求利二者勢若相反（此勢字亦與本文二勢字相關）而實則相成蓋亦各盡其道而已張子曰不資其力而利其有則能忘人之勢若資仰其富貴而欲有所取則不能矣○南軒張氏曰在上者忘其勢而惟恐不得天下之善在下者忘人之勢而惟義是從此爲俱得其道使二者一旦而相合則上下交而爲泰矣故王公不致敬盡禮於賢士雖欲數見之且不得況可得而臣之蓋士非以此自高也其道固當爾也○慶源輔氏曰君好善則不知勢之在己士樂道則不知勢之在人兩盡其道則雖若相反而實相成不然君挾其勢而驕夫士士懾於勢而徇乎君則兩失其道矣尚何足與有爲哉○雲峯胡氏曰使爲君者有以成賢士樂道之志而爲士者肯出而成其君好善之美則上下交而爲泰矣此集註所謂相成也○新安陳氏曰致敬內致敬也盡禮外盡禮也王公必致敬盡禮於賢是能好善而忘勢屈己以下賢也賢士必待君致敬盡禮而後應之是能樂道忘人之勢不枉道而求利也

〇孟子謂宋句踐曰子好遊乎吾語子遊句音鉤好語皆去聲

宋姓句踐名遊遊說音稅也

人知之亦囂囂人不知亦囂囂

趙氏曰囂囂五高許驕二反自得無欲之貌慶源輔氏曰遊說之士大病是不識義理而惟欲其言之售故往往以人之知不知爲欣戚是以孟子語以自得無欲之說〇新安陳氏曰自得於己而無所欲於人非內重而外輕者不能也

曰何如斯可以囂囂矣曰尊德樂義則可以囂囂矣樂音洛

德謂所得之善尊之則有以自重而不慕乎人爵之榮

義謂所守之正樂之則有以自安而不徇乎外物之誘

矣慶源輔氏曰尊如尊德性之尊樂如樂天知命之樂〇新安陳氏曰能如此則自得無欲之氣象自然著

見而不可掩矣

故士窮不失義達不離道離力智反

言不以貧賤而移不以富貴而淫此尊德樂義見形甸反於行事之實也新安陳氏曰尊德樂義內存於心無迹可見必窮有定守而不失義所謂貧賤不能移達有實用而不離道所謂富貴不能淫此乃尊德樂義著見於行事之實迹也

窮不失義故士得己焉達不離道故民不失望焉

得己言不失己也不失己如云不失其身民不失望言人素望其興道致治去聲而今果如所望也慶源輔氏曰窮不失義則在我者得其所守達不離道則能興道致治以慰斯民平日之所望

古之人得志澤加於民不得志脩身見於世窮則獨善其

身達則兼善天下見音現

見謂名實之顯著也。新安陳氏曰內盡脩身之實而名自著見於世蓋實之不可掩者非君子顧乎其外而欲以是自見也此又言士得己民不失望之實新安陳氏曰得志兼善此民不失望之實不得志獨善此士得己之實也○此章言內重而外輕則無往而不善南軒張氏曰句踐徇名而外求者孟子使求之吾身而已夫士達所不離之道即其窮所不失之義也道言體義言用互相明耳窮不失義則無慕乎外故有以自得於己一違於義則失己矣達不離道則凡其注措設施無非道之所在故有以副民望也得志澤加於民其道得行也不得志脩身見於世惟義之安也其曰得志不得志云者蓋澤加於民雖所性不存焉而道行固亦君子本志之所欲也○雲峯胡氏曰內重是德義外輕是窮達嚴內外輕重之分者既不失其本性之善故窮亦善達亦善但達則能使民皆歸於善窮則此身自不失其善耳

○孟子曰待文王而後興者凡民也若夫豪傑之士雖無文王猶興夫音扶

興者感動奮發之意凡民庸常之人也豪傑有過人之才智者也蓋降衷秉彝人所同得唯上智之資無物欲之蔽爲能無待於教而自能感發以有爲也南軒張氏曰興者興起於善道也文王風化之盛者必待風化之盛薰陶漸漬而後興起此衆民耳若夫豪傑之士則卓然自立無待於人雖無文王固自興起也此章勉人使自立耳○慶源輔氏曰文武興則民好善此中人以下之資也蓋無特立之操教之善則爲善否則爲惡矣唯豪傑之士無物欲之累以蔽其秉彝之天有過人之才以致其爲善之力雖無聖人在上以教率之自能奮其特立之操以有爲也孟子此言蓋欲學者不以凡民自棄而以豪傑自期耳

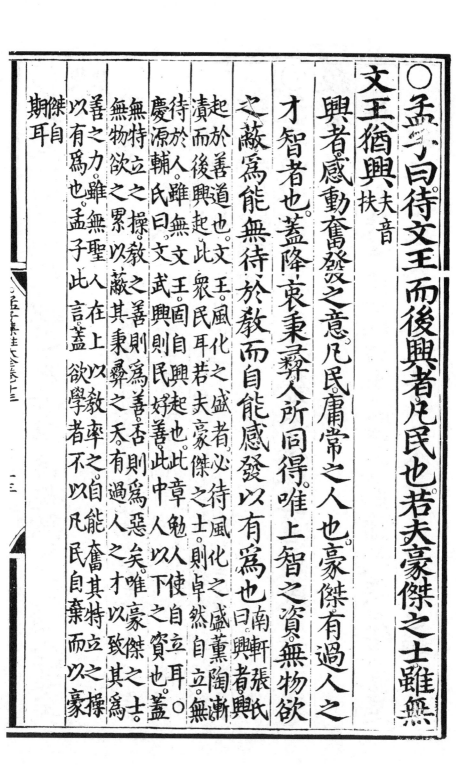

○孟子曰：附之以韓魏之家，如其自視欿然，則過人遠矣。

欿音坎

附，益也。韓魏，晉卿富家也。欿然，不自滿之意。尹氏曰：言有過人之識，則不以富貴爲事。南軒張氏曰：以外物爲重輕者，不得其欲則不足，得則滿矣。其滿與不足，係乎外物者也。若益以韓魏之家，而自視欿然，則是不以外物爲重輕，志存乎道義而已，所進又可量乎？其過人也遠矣。

○孟子曰：以佚道使民，雖勞不怨；以生道殺民，雖死不怨殺者。

程子曰：以佚道使民，謂本欲佚之也，播穀乘屋之類是也。以生道殺民，謂本欲生之也，除害去上聲惡之類是也。

蓋不得已而爲其所當爲則雖咈符勿反民之欲而民不怨。其不然者反是。朱子曰：彼有惡罪當死，吾求所以生之者而不得，然後殺之以安衆而厲其餘，此以生道殺之也，彼亦何怨之有。○慶源輔氏曰：播穀乘屋之類，雖不免於勞，然其本意則乃欲佚之而已，故雖勞而不怨。除害去惡之類，雖不免於殺，然其本意則乃欲生之而已，故雖死而不怨殺者。○不得已者事也，爲其所當爲者理也。事雖不得已，而吾但爲其理之所當爲，故雖勞之殺之，可謂咈民之欲矣，而民自不怨。不然，則是私意妄作而已，民之怨怒其可得而逃乎。君子其亦謹其所謂勞與殺之事哉。○新安陳氏曰：事雖不得已而理實所當爲，則雖咈民之私欲，而實契民之公心，故民雖勞且死而自不怨也。

○孟子曰：霸者之民驩虞如也，王者之民皞皞如也。皞胡老反

驩虞與歡娛同。皞皞，廣大自得之貌。程子曰：驩虞有所造爲而然，豈能久也。耕田鑿井，帝力何有於我。帝王通曆：帝堯

之時。有老人擊壤於路曰。吾日出而作。日入而息。鑿井而飲。耕田而食。帝力於我何哉風土記云。擊壤者。以木爲之。長三四寸。形如履。臘節僮少以爲戲。將戲。先側一壤於地。遥於三四十步以手中壤擿之。中者以爲上如天之自然。乃王者之政。楊氏曰。所以致人驩虞必有違道干譽之事。若王者則如天。亦不令力呈反下同人喜。亦不令人怒。慶源輔氏曰。霸者。亟民之從。規模狹窄。時下雖得民之歡娛。然豈能久哉。事過意息。則忘之矣。至於王者則如天道之自然。當生則生。當殺則殺。而民自忘其喜怒也○新安陳氏曰。二如字。似恂恂如踧踖如之如。語助辭也。霸者之民。感上之惠而驩虞如。霸功淺近易悅故也。王者之民。忘上之德而皞皞如。王道廣大深遠而無迹故也

殺之而不怨。利之而不庸。民日遷善而不知爲之者

此所謂皞皞如也。庸。功也。周禮曰。民功曰庸豐氏曰。豐氏名稷。字相之。四

明人因民之所惡去聲而去上聲之。非有心於殺之也。何怨之有。新安陳氏曰。即上章以生道殺民之意因民之所利而利之。非有心於利之也。何庸之有。輔其性之自然。使自得之。故民日遷善而不知誰之所爲也。慶源輔氏曰。因民之性。輔其自然使自得夫善。如堯所謂匡之直之。輔之翼之。使自得之是也。惟其如是。故民日遷於善而不知誰之使我如此也。此即程子所謂耕田鑿井。帝力何有於我之事

夫君子所過者化。所存者神。上下與天地同流。豈曰小補之哉。夫音扶

君子。聖人之通稱也。所過者化。身所經歷之處。即人無不化。如舜之耕歷山而田者遜畔。陶河濱而器不苦窳

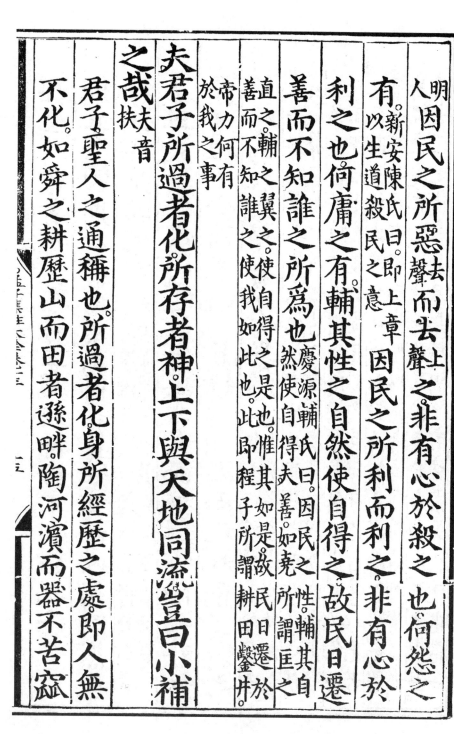

音愈也。所存者神。心所存主處便神妙不測。如孔子之立斯立。道去聲斯行。綏斯來。動斯和。莫知其所以然而然也此句釋神字是其德業之盛。慶源輔氏曰。德以其得於己者而言。業以其見於事者而言乃與天地之化同運並行。舉一世而甄吉延反陶之。非如霸者但小小補塞先則反其罅虛訝反漏而已。此則王道之所以為大。而學者所當盡心也程子曰。所存者神在己也。所過者化。及物也○朱子曰。經歷不必為經行之地。凡其身之所臨。政之所及。風聲氣俗之所被。皆謂經歷。程子直以所過者化為及物。蓋言所過者化。則凡所經歷。物無不化。不必久於此而深治之。然後物從其化也。其曰在己者蓋以化者無意而及物。此則誠於此而動於彼。其感應之速。如影響形聲之召。有不知其所以然者。是則所謂神爾○問所經歷處皆化。如此即是民化之。非大而化之之化。曰。作大化之化有病。只是所經歷處。纔霑著些便化。雷一震而萬物俱生動。霜一降而萬物皆成實。無不化者。書曰。俾予從欲以治。四方風動。亦是此意。○存是自家主意處便神妙不測。亦是人見其如此。○上下與天地同流。重鑄一番過。過相似。小補只是逐片逐些子補綴。○自王者之民皥皥如也而下至此。皆説王者功用如此。○南軒張氏曰。霸者之爲利小而近。目前之利。民歡樂之。王者之化。遠而大。涵養斯民。富而敎之。民安於其化由於其道而莫知其所以然也。○新安陳氏曰。過化存神。所存主者其體也。所過者化。以其所存者神也。若此則上下與天地同流矣。言其配化育之流行也。視霸者之區區求以利之者。不亦小乎。夫以王者功用之大。其本在於過化存神而已。而此二者。又存神爲之主焉。○孟子辨王霸屢矣。此又言王霸之民其不同如此。首以霸與王對説。中言王而不及霸。末方以小補繳上霸者之事

○孟子曰。仁言不如仁聲之入人深也。

程子曰。仁言。謂以仁厚之言加於民。仁聲。謂仁聞。去聲。謂有仁之實而爲衆所稱道者也。此尤見仁德之昭著。故

其感人尤深也慶源輔氏曰。仁言。如書所載訓誥誓命之類是也。仁聲。如邠人聞太王爲仁人。伯夷太公聞文王善養老之類是也

善政不如善教之得民也

政。謂法度禁令。所以制其外也。教。謂道去聲德齊禮。所以格其心也慶源輔氏曰。善政。亦非徒尚夫法度禁令也。固亦有德行乎其間。但道之以政。齊之以刑。終不若道之以德齊之以禮者。得民之心感而誠服也

善政民畏之。善教民愛之。善政得民財。善教得民心

得民財者。百姓足而君無不足也。得民心者。不遺其親不後其君也南軒張氏曰。善政立而後善教可行。所謂富而教之者也。孟子論得民心。必歸之善教者。蓋至此而後爲得民之至也 ○慶源輔氏曰。百姓足而君無不足者。取之有道。用之有節。故民先自足而

君亦無不足也。不遺其親。不後其君。使民之於君。親之如父母。愛之如四體。尊而敬之。則得其財。與無不足。又有不足道者矣。○雲峯胡氏曰。孟子之意。蓋謂使民畏。不如使民愛。得民財。不如得民心。然善政得民財一句。集註又恐後世貪君汙吏借此以藉口。訓之曰得民財者。百姓足而君無不足也。意謂無善政。則百姓不足。君孰與足矣。然有善政以得民財。孟子猶以爲不如善教之得民心。况後世無善政而取民之財者哉

○孟子曰。人之所不學而能者。其良能也。所不慮而知者。其良知也

良者本然之善也。程子曰。良知良能。皆無所由。乃出於天。不繫於人。西山眞氏曰。善出於性。故有本然之能。不待學而能。本然之知。不待學而知也

孩提之童。無不知愛其親也。及其長也。無不知敬其兄也

長上聲下同

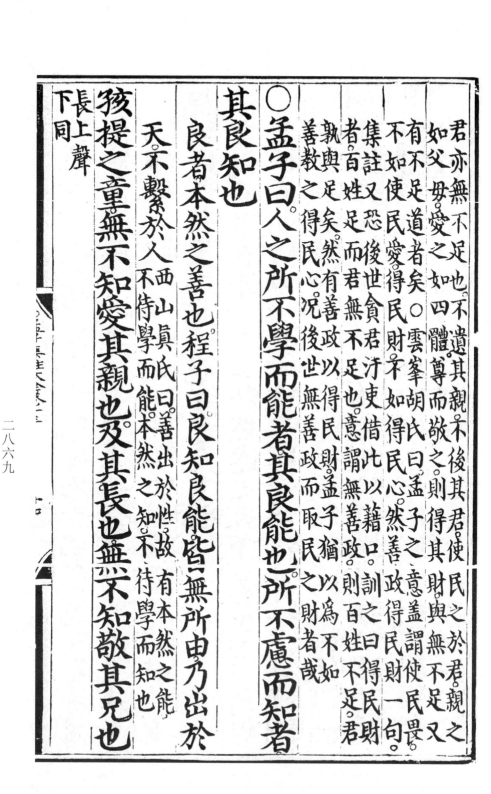

孩提二三歲之間知孩笑可提抱者也愛親敬長所謂良知良能也慶源輔氏曰孩提而下又所以指其良知良能之在人者曉之是豈待學而後能慮而後知哉○新安陳氏曰孩提知愛親敬兄與能愛親敬兄此蓋指良知良能之先見而切近者以曉人也

親親仁也敬長義也無他達之天下也

言親親敬長雖一人之私然達之天下無不同者所以爲仁義也朱子曰無他達之天下只說達之天下無別道理○問仁義不止於孝弟而孟子以爲達之天下還是推孝弟之心以友愛天下即是仁義否潛室陳氏曰此章無推此及彼之意所謂達乃達道達德之達言人心所同然也親親仁之發敬長義之發仁義之道無他人心之所同然耳○新安陳氏曰親吾親敬吾長雖一人之私然推而達之天下則人人皆親親敬長無不同者此人心天理之公也親親仁之實敬長義之實仁義不待外求不過即人之本心可通乎天下之人心而仁義不可勝用矣正以愛親敬兄出於良知良

能者。凡人之性無不同此本然之善故也

○孟子曰。舜之居深山之中。與木石居。與鹿豕遊。其所以異於深山之野人者幾希。及其聞一善言。見一善行。若決江河。沛然莫之能禦也。行去聲

居深山。謂耕歷山時也。蓋聖人之心。至虛至明。渾上聲然之中萬理畢具。新安陳氏曰。此由其感而應之用。而推原其未感未應之體如此。一有感觸。則其應甚速而無所不通。新安陳氏曰。善言善行。皆是感觸我者。聞而急聽之。見而急行之。若決江河沛然莫禦。乃其應之甚速而無不通者矣。非孟子造七到反道之深。不能形容至此也。問舜聞善言。見善行。若決江河。沛然莫能禦。其未有所聞見時。氣象如何。朱子曰。湛然而已。其理充塞具備。一有所觸。便沛然而不可禦。○南軒張氏曰。所謂善言善行者。豈

有外於舜之性哉。惟舜之心純乎天理，故聞善言見善行，不待勉强而自趨，沛然若決江河之，莫禦也。○新安陳氏曰：孟子又嘗曰：大舜有大焉，善與人同，舍己從人，樂取諸人以爲善，與此章實互相發。蓋舜之心，萬善之感會也。聞見天下之善，因感觸吾心之善，即勇於從之，合而爲一，人之善，此大舜之所以爲大歟。

○孟子曰：無爲其所不爲，無欲其所不欲，如此而已矣。

李氏曰：有所不爲不欲，人皆有是心也。至於私意一萌而不能以禮義制之，則爲所不爲，欲所不欲者多矣。能反是心，則所謂擴充其羞惡去聲之心者，而義不可勝平聲用矣。故曰：如此而已矣。華陽范氏曰：君子所當爲者義也，所不可爲者不義也，所可欲者善也，所不可欲者不善也。不爲不義，則所爲皆義；不欲不善，則所欲皆善。君子之道，止於如此而已矣。○朱子曰：人心至靈，其所不當爲不當欲之事，何嘗不知？但初間自知了，到計較利害，却自以爲不妨，便自冒昧爲之欲之耳。今既知其所不當爲不當欲者。便要這裏截斷。斷然不爲不欲。故曰如此而已矣。○勿軒熊氏曰。凡大學誠意章事。無爲其所不爲。是就躬行上克治。所謂志士厲行。守之於爲也。無欲其所不欲。是就心之發念處克治。所謂哲人知幾。誠之於思也。○雲峯胡氏曰。有所不爲有所不欲。是本來羞惡之心。無爲其所不爲無欲其所不欲。是能擴充其羞惡之心。爲是一身之動。欲是一念之動。不惟謹其動而且謹其動之幾。是眞能擴充其羞惡之心而義不可勝用矣。○新安陳氏曰。李氏之說。上言禮義。下獨言義者。蓋以義制事。則能不爲其所不當爲。以禮制心。則能不欲其所不當欲。故兼以禮義言之。然義者心之制也。施之斷制。義爲尤切。斷然不爲其所不當爲。不欲其所不當欲。則在充其羞惡之心以達夫義之用而已

○孟子曰。人之有德慧術知者。恒存乎疢疾。知去聲。疢丑刃反

德慧者。德之慧。慧。聰警也。術知者。術之知。疢疾猶災患也。言人必有疢疾。則能動心忍性。增益其所不能也。慶源輔氏曰。德

之慧。謂慧德也。與昏正相反。術之智。謂智術也。與愚正相反。疢疾。則非眞是病。故曰。猶災患也。人惟有災患竦動其仁義禮智之心。堅忍其食色臭味之性。故能增益其所不能。而有夫德慧術智也

獨孤臣孽子。其操心也危。其慮患也深。故達

孤臣。遠臣。獨惟也。不連孤字。孽子庶子。皆不得於君親而常有疢疾者也。達。謂達於事理。即所謂德慧術知也。南軒張氏曰。人平居無事。漠然不省。唯疢疾加焉。則動心忍性。有所感發。故慧知由此而生。危故專一而不敢肆。深故精審而不敢忽。專精之極。故於事能通達也。處安樂者誦斯言。可不思逸豫之溺人而深戒懼乎。當憂患者誦斯言。可不念其爲進德之地而自勉厲乎。○新安陳氏曰。此章與舜發畎畝章互相發。故集註及南軒之說。皆引動心忍性以釋此章。人苟履憂患之境。處孤孽之勢。當知天以是玉我于成。勿自沮而深自力。于以進其德。益其術。庶幾操心危而卒無危。慮患深而卒免患。而至於達乎。達則德必慧。術必知。而疢疾不能爲吾患矣

○孟子曰。有事君人者。事是君則爲容悦者也。

阿徇以爲容。逢迎以爲悦。此鄙夫之事。妾婦之道也。慶源輔氏曰。阿徇爲容。謂長君之惡以求容其身者。逢迎爲悦。謂逢君之惡以求君之悦者。

有安社稷臣者。以安社稷爲悦者也。

言大臣之計安社稷。如小人之務悦其君。眷眷於此而不忘也。慶源輔氏曰。此即所謂天理人欲同行而異情也。其眷眷不忘雖同。而其情則異。一則務爲容悦之私。一則務安社稷以爲意也。

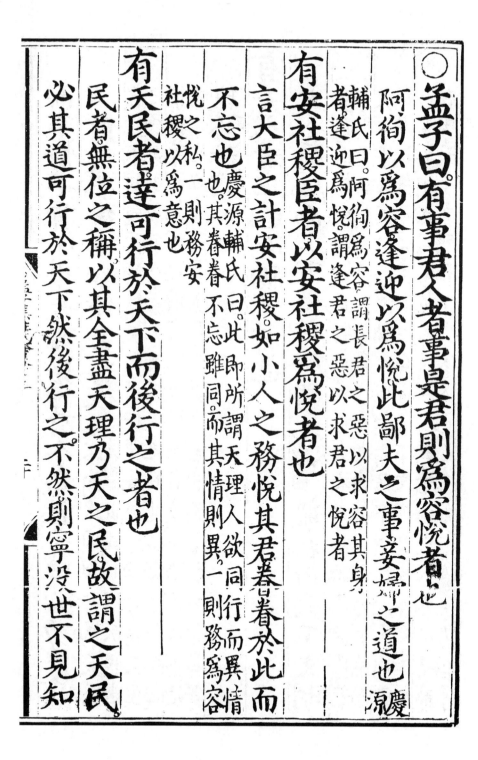

有天民者。達可行於天下而後行之者也。

民者。無位之稱。以其全盡天理。乃天之民。故謂之天民。必其道可行於天下。然後行之。不然則寧没世不見知而不悔不肯小用其道以徇於人也。張子曰。必功覆敷救反斯民然後出如伊呂之徒雲峯胡氏曰。伊尹爲天民之先覺。此則曰有天民者。旨意不同。蓋前所謂天民者皆稟氣於天。均之爲天生之民。此則以其全盡天理。乃天之民也。○新安陳氏曰。伊耕莘呂釣渭之時。可當天民之名。使不遇湯武。則沒世不出必矣。此提天民。主其不輕出而言。非以伊呂等後來出當大任而言也

有大人者正己而物正者也

大人德盛而上下化之所謂見形甸反龍在田天下文明者龜山楊氏曰。物正。物自正也。大人只是正己而已。若物之正。何可必乎。惟能正己。物自然正。此乃篤恭而天下平之意。○慶源輔氏曰。上謂君。下謂民。大人德盛。故君民無不化。大人一出而天下文明。是聖人之事也。○雲峯胡氏曰。易乾卦。九二九五皆稱大人。九二見龍在田。天下文明。在下之大人也。九五飛龍在天。乃位乎

天德。在上之大人也。孟子所言四者雖人品不同。然皆在下而爲臣者也。故以乾九二當之〇此節

言人品不同。略有四等。容悅佞臣不足言。安社稷則忠矣。然猶一國之士也。天民則非一國之士矣。然猶有意也。無意無必。唯其所在而物無不化。惟聖者能之。朱子曰。天民專指未得位者。大人則其德已著。〇南軒張氏曰。以事是君爲容悅。貪慕爵祿而從君者也。以安社稷爲悅。則志存乎功業者也。與爲容悅者固有間矣。然未及乎道義也。蓋志存功業。則苟可就其功業而遂其志。則亦所屑爲矣。古之人。惟守道明義而已。雖有蓋世之功業在前可爲。而在我者有一毫未安。則不敢徇也。天民者。必明見夫達而其道可行於天下而後行之。蓋其所主在道。而非必於行也。謂之天民者。言能全夫天理者也。天之生民也。其理無不具。而人之虧欠者多矣。故程子謂天民爲能踐形者也。以其在下而未達。故謂之民。若伊尹之在莘野是也。正己而物正之者。正己而物自正也。若規規然有意於正物。則其道狹矣。至正己而天下之

感無不通焉。固有不言而信。不令而從者矣。秦漢而下其間號爲賢臣者。不過極於以安社稷爲悅而已。語夫天民事業則鮮也。○慶源輔氏曰。猶有意。如程子所謂伊尹雖聖人。終是有任底意思在是也。大人。則聖人矣。如周公。孔子方能當之。周公在上而能使天下文明者也。孔子在下而能使萬世文明者也。至公無私。進退以道。周公之無意無必也。仕止久速。無可不可。孔子之無意無必也。○新安陳氏曰。志於道德者。功名不足以累其心。志於功名者。富貴不足以累其心。事君爲容悅。志於富貴者也。安社稷爲悅。志於功名者也。春秋列國名卿。可以當之。若天民者。則志於道德矣。然猶未能純乎道德而無意於功名也。至於大人。則純乎道德之自然。而功名不足以累其心矣

○孟子曰。君子有三樂。而王天下不與存焉。樂音洛。王與皆去聲。下並同

南軒張氏曰。君子之樂。樂其天也。於下文三者得其樂。則視王天下之事。如太虛中浮雲耳。果何與於我而況其他哉

父母俱存。兄弟無故。一樂也

此人所深願而不可必得者。今既得之。其樂可知

仰不愧於天。俯不怍於人。二樂也

程子曰。人能克己。則仰不愧。俯不怍。心廣體胖。其樂可知。有息則餒矣　新安陳氏曰。本文無克己之意。此程子推原所以能不愧不怍之由。而示人以其要也。人所以俯仰愧怍。累於己私耳。克去己私。則內不愧於心。所以仰不愧於天。俯不怍於人。心廣體胖之樂。不期其然而然矣

得天下英才而教育之。三樂也

盡得一世明睿俞芮反之才。而以所樂乎己者不愧不怍之樂教而養之。則斯道之傳得之者衆。而天下後世將無不被

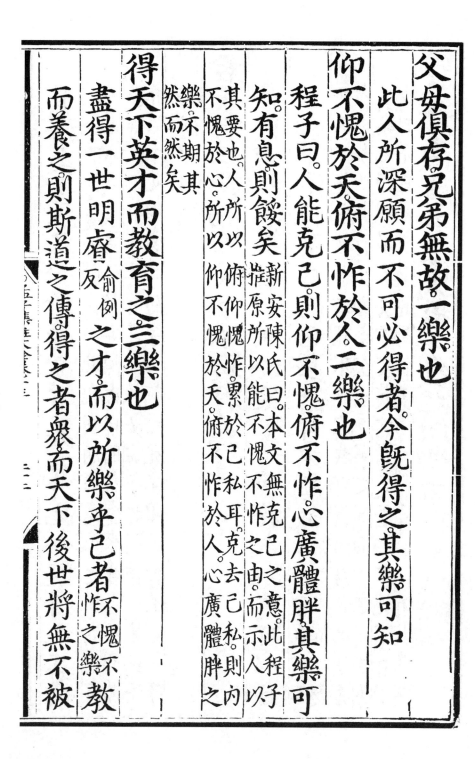

其澤矣。聖人之心所願欲者莫大於此。今既得之。其樂爲如何哉慶源輔氏曰。此樂與朋自遠來之樂同。而有大焉○新安陳氏曰。朋自遠來。其言平而易遂。得天下英才。其言高而難。必孟子之門僅一樂正子。亦恐未足以當此。韓子曰。軻之死不得其傳焉。是孟子於此一樂。亦終不能得也

君子有三樂。而王天下不與存焉

林氏曰。此三樂者。一係於天一樂一係於人。三樂其可以自致者惟不愧不怍而已。學者可不勉哉南軒張氏曰。三樂之中。仰不愧俯不怍其本歟。蓋不愧不怍。在我可得而勉者也。使吾胷中多所愧怍。則雖處父母兄弟之間。固亦不得而樂其樂也。所以教育天下之英才者。是吾之不愧不怍者也。自不能無愧怍。則雖得英才。亦何以爲教而有此樂哉

○孟子曰。廣土衆民。君子欲之。所樂不存焉樂音洛下同

地闢民聚澤可遠施去聲故君子欲之然未足以爲樂也

中天下而立定四海之民君子樂之所性不存焉

其道大行無一夫不被其澤故君子樂之然其所得於天者則不在是也朱子曰此君子是通聖人而言○慶源輔氏曰二者皆施仁之事但有一國與天下之辨故所欲未足以爲樂至於樂則博施濟衆聖人之事也所欲極於所樂固亦非性外事但於吾性所受之全體則初無增損也○雲峯胡氏曰前章君子三樂所樂在所性之中此章君子樂之所性在所樂之外何也曰中天下而立達而在上者之事君子之所性固不以達而在上有所加也故君子雖樂乎此而其所得乎天者不在此也或曰集註前謂斯道傳之者衆而天下後世將無不被其澤此謂其道大行無一夫不被其澤皆曰道曰澤而此則所性不存焉何也曰斯道傳之者衆萬世之澤也其道大行一時之澤也況其道大行必中天下而立者能之是道有待於位而後行不如是則不能行此君子雖樂乎此而所性不存焉若夫

盡得一世明睿之才而以所樂乎己者教而育之。以己之天。覺彼之天。聖人之心深樂乎此。而其樂即在性分之內。且孟子於三樂。則曰王天下不與存。於中天下而立。則曰所性不存。分而言之。固自大有間哉

君子所性雖大行不加焉。雖窮居不損焉。分定故也。分去聲

分者所得於天之全體。故不以窮達而有異。朱子曰。此是說生來承受之性。君子所性。只是這一箇道理。雖達而為堯舜在上。亦不是加添些子。若窮而為孔孟在下。亦不是減少些子。蓋這一箇道理。合下都定了。更添減不得。○中天下而立。定四海之民。固是人所欲。與其處畎畝之中。孰若進而得行其道使天下皆被其澤。要得出行其道者亦是人之所欲。但其用其舍。於我性分之內。本不相關。進而大行。退而窮居。於我性分之內。無所加損

君子所性仁義禮智根於心其生色也睟然見於面盎於背施於四體四體不言而喻睟音粹見音現盎烏浪反

上言所性之分與所欲所樂不同。此乃言其蘊（委粉反，又去聲）也。仁義禮智，性之四德也。（四德即性之蘊蓄者）根，本也。生，發見（音現，下同）也。睟然，清和潤澤之貌。盎，豐厚盈溢（音逸）之意。施於四體，謂見於動作威儀之間也。喻，曉也。四體不言而喻，言四體不待吾言而自能曉吾意也。蓋氣稟清明，無物欲之累，則性之四德根本於心，其積之盛，則發而著見於外者，不待言而無不順也。（新安陳氏曰：順，謂順其則也。當玩味根字、生字。其根深，則其積盛。其積盛，則其生發自不可遏矣）程子曰："睟面盎背，皆積盛致然。四體不言而喻，唯有德者能之。"（朱子曰：仁義禮智根於心，便見得四端著在心上，相離不得。纔有些子私意，便剗斷了那根，便無生意。譬如木根著在土上，方會生。其色也，睟然便從那根上發出）

來。且性字從心。見得有這心。便有許多物在其中。○君子氣宇清明。無物欲之累。故合下生時這箇根便著土。所以生色形見於外。衆人則合下生時。便爲氣稟物欲一重隔了。這箇根未著土。蓋有殘忍底心。便沒了仁之根。有頑鈍底心。便沒了義之根。有忿狠底心。便沒了禮之根。有黑暗底心。便沒了智之根。都各有一重隔了。而今人便只要去其氣稟之隔。教四者之根著土而已○四體不言而喻。是四體不待命令而自如此。如手容恭。不待自家教他恭而手容自然恭。足容重。不待自家教他重而足容自然重○覺軒蔡氏曰。先師云。看文字當看大意。又看句語中何字最切要。仁義禮智根於心。根字甚有意。蓋根於心者培養得厚盛。則發於外者自然睟面盎背。到得手足順。便不覺其所以然

○此章言君子固欲其道之大行。然其所得於天者。則不以是而有所加損也新安陳氏曰。道之大行如堯舜。固所樂也。而於性分亦何加。窮居如孔孟。亦非所戚也。其於性分亦何損。此君子所以惟求盡其性分之在內者。而無所慕於勢分之在外者也

○孟子曰伯夷辟紂居北海之濱聞文王作興曰盍歸乎來吾聞西伯善養老者太公辟紂居東海之濱聞文王作興曰盍歸乎來吾聞西伯善養老者天下有善養老則仁人以爲己歸矣辟去聲下同大他蓋反

己歸謂己之所歸餘見形甸反下同前篇新安陳氏曰仁人指伯夷太公前篇以爲大老此以爲仁人達尊三齒德居其二大老以齒言仁人以德言也

五畝之宅樹墻下以桑匹婦蠶之則老者足以衣帛矣五母雞二母彘無失其時老者足以無失肉矣百畝之田匹夫耕之八口之家可以無饑矣衣去聲

此文王之政也一家養母雞五母彘二也餘見前篇

所謂西伯善養老者。制其田里。教之樹畜。導其妻子使養其老。五十非帛不煖。七十非肉不飽。不煖不飽。謂之凍餒。文王之民無凍餒之老者。此之謂也

田謂百畝之田。里謂五畝之宅。樹謂耕桑。畜謂雞畜許六反彘也。趙氏曰。善養老者。教導之使可以養其老耳。非家賜而人益之也。○南軒張氏曰。以伯夷太公之事觀之。則知天下有善養老者。則仁人必歸之。蓋善養。則其仁心之所存。仁政之所行可知矣。仁人見其然。是以樂從之。○慶源輔氏曰。若無孟子此說。則人將謂文王之養老。只如後世尊養三老五更之禮文而已。

○孟子曰。易其田疇。薄其稅斂。民可使富也。易斂皆去聲

易。治也。疇。耕治之田也。教民務本

食之以時，用之以禮，財不可勝用也。勝音升

教民節儉，則財用足也。

民非水火不生活。昏暮叩人之門戶，求水火，無弗與者，至足矣。聖人治天下，使有菽粟如水火。菽粟如水火，而民焉有不仁者乎？焉，於虔反。

水火，民之所急，宜其愛之而反不愛者，多故也。尹氏曰：言禮義生於富足，民無常產則無常心矣。華陽范氏曰：先王養天下之民，非人人衣食之也。唯不奪農時，則皆得治其田疇；恭儉節用，則可以薄其稅斂。此二者，使富足之道也。又曰：聖人之治天下，既庶而後富之，既富而後教之。倉廩實而知禮節，衣食足而知榮辱。所謂菽粟如水火，則民無有不仁。堯舜三王之盛，皆由此道也。○新安陳氏曰：禮義常心，即所謂仁也。使菽粟如水火之多，則民皆能

推有餘以濟不足，必不至於慳吝不仁矣。有餘，則易公其有，所以無不仁。不足，則各私其有，烏得仁。夫聖人治天下，政事亦多端矣。然其大本，在養民而已。民以食爲天，使民足其食之天，不在乎他，在使民務本以豐財之源，儉約以節財之流而已、孟子言治，鑿鑿皆實如此

○孟子曰。孔子登東山而小魯，登太山而小天下。故觀於海者難爲水，遊於聖人之門者難爲言

此言聖人之道大也。東山，蓋魯城東之高山。而太山則又高矣。此言所處上聲益高，則其視下益小。所見既大，則其小者不足觀也。難爲水、難爲言，猶仁不可爲衆之意

慶源輔氏曰。觀於海，則天下之水皆不足以動吾之視。遊於聖人之門，則天下之言皆不足以動吾之聽。亦猶仁則天下之衆皆莫能與之敵。故亦曰難爲衆也。○潛室陳氏曰。仁不可爲衆，言仁者難爲衆。看有幾多人衆

來到仁者面前皆使不得。如太山之前難爲山。大海之前難爲水

觀水有術。必觀其瀾。日月有明。容光必照焉

此言道之有本也。瀾，水之湍急處也。明者光之體。光者明之用也。觀水之瀾，則知其源之有本矣。觀日月於容光之隙乞逆反無不照，則知其明之有本矣。新安陳氏曰。二者皆是於其用處知其本。承上文以比聖道之所以大者。以其有本也

流水之爲物也。不盈科不行。君子之志於道也。不成章不達

言學當以漸乃能至也。成章，所積者厚而文章外見形甸反也。朱子曰。成章是做得成片段。有文理可觀。如孝，眞箇是做得孝成。忠，眞箇是做得忠成。子貢之辨子

路之勇。都是眞箇做得成了。不是半上落下。今日做得。明日又休了。達者足於此而通於彼也慶源輔氏曰。如自有諸己之謂信。至於大而化之之謂聖。自志學至於從心不踰矩。其間次第。皆是足於此而通於彼。須實體之。方知其味。非妄想虛空者所能測識也。○新安陳氏曰。盈科而後進。已見前篇。盈而行者。溢於此而流於彼也

○此章言聖人之道大而有本。學之者必以其漸乃能至也朱子曰。此一章如詩之有比興。比者。但比之以他物而不說破其事。如鶴鳴于九皐之類是也。此之觀水有術至容光必照焉。似詩之比。興則引物以發其意而終說破其事。如他人有心。予忖度之之上。引毚兔柔木之類是也。此之以登山觀海興起遊聖門難爲言。以流水不盈科不行興起爲道不成章不達。似詩之興也。君子之志於道。不成章不達。蓋人之爲學。須是務實。乃能有進。若這裏工夫欠了分毫。定是要透過那重不得。○慶源輔氏曰。聖道之大。固有其本矣。然自學者言之。則又豈能一蹴而遽至哉。故又以水必盈科而後行。君子之志於道必成章而後達者曉之。以見學者當務實而有漸。不可躐等陵

節。懸空妄想而卒歸於無所得

○孟子曰。雞鳴而起孳孳爲善者舜之徒也

孳孳孳與孜同勤勉之意。言雖未至於聖人。亦是聖人之徒也

雞鳴而起孳孳爲利者蹠之徒也

蹠盜蹠也蹠與跖同

欲知舜與蹠之分無他利與善之間也

程子曰。言間者謂相去不遠所爭毫末耳。善與利公私而已矣。才出於善便以利言也間這箇利。非是有心於爲利。只是理不明。纔差些便入那邊去。朱子曰。然。纔差向利邊去。只見利之爲美矣○間是兩者相並在這裏。一條路做這邊去。一條

路做那邊去。所以謂之間。○楊氏曰。舜蹠之相去遠矣。而其分乃在利善之間而已。是豈可以不謹。然講之不熟。見之不明。未有不以利爲義者。又學者所當深察也。朱子曰。程子嘗言不獨財利之利。凡有利心。便不可。如作一事。須尋自家穩便處。皆利心也。如此。則善利之間。相去毫髮。苟辨之不明。其不反以利爲善者鮮矣。此大學之道所以雖以誠意正心爲重。而必以格物致知爲先也。○新安陳氏曰。善與利之間。察之貴乎精。而爲善之力。守之貴乎一。察之精。致知之事也。守之一。力行之事也。察之不精。則認利爲義。認人欲爲天理者有矣。守之不一。則今日爲善。明日怠焉者有矣。必精以察乎善利之間。而不雜。一以守其爲善之力。而不移。則庶乎不流爲蹠之歸。而人皆可爲舜者。將眞可以爲舜矣。此章亦所以遏人欲擴天理也。

或問雞鳴而起。若未接物。如何爲善。程子曰。只主於敬。便是爲善。慶源輔氏曰。程子又教人以靜時工夫也。動靜相涵。敬義兩立。孳孳不已。則庶乎可以進於聖人之學矣。○新安陳氏曰。未接物時。敬以直內以立其本。及接物時。義以方外以達其用。此動靜交養。內外夾持之功。皆所謂爲善也。必如是而後爲爲善之功始密矣。不然。則未接物時。爲無所用其爲善之力乎

○孟子曰。楊子取爲我。拔一毛而利天下不爲也。爲我之爲去聲

楊子名朱。取者僅足之意。取爲我者僅足於爲我而已。不及爲亦去聲人也。列子稱其言曰。伯成子高不以一毫利物是也。此失之不及者也。○列子楊朱篇。楊子曰。伯成子高不以一毫利物。舍國而隱。大禹不以一身自利。一體偏枯。古之人損一毫利天下不與也。悉天下奉一身不取也。人人不損一毫。人人不利天下。天下治矣。禽子問楊朱曰。去子體之一毛以濟一世。汝爲之乎。楊朱曰。世固非一毛之所濟。禽子曰。假濟。爲之乎。楊子弗聽。○朱子曰。莊子數稱楊子。吾恐楊氏之學。如今道流修煉之士。其保嗇神氣。雖一句話不妄與人說。只是箇逍遙物外。僅足其身。微似義耳。然不似也

墨子兼愛，摩頂放踵利天下，爲之。放，上聲。

墨子名翟。兼愛，無所不愛也。摩頂，摩突其頂也。突，陀沒反，觸也。放，至也。此失於太過者也。○南軒張氏曰：摩其頂以至踵，一身之間凡可以利天下者皆不惜也。

子莫執中。執中爲近之。執中無權，猶執一也。

子莫，魯之賢者也。知楊墨之失中也，故度待洛反。於二者之間而執其中。近，近道也。權，稱去聲，下同。錘直爲反。也，所以稱物之輕重而取中也。執中而無權，則膠於一定之中而不知變，是亦執一而已矣。程子曰：中無定體，惟達權然後能執之。○龜山楊氏曰：聖人所謂權者，猶權衡之權，量輕重而取中也。用之無銖兩之差，則物得其平矣。今夫物有本重而末輕者，執其中而不知權，則物失其平，非所以用中也。程子曰：中字最難識，須是默識如字。

心通。且試言一廳則中央爲中。一家則廳非中而堂爲中。一國則堂非中而國之中爲中。推此類可見矣。又曰。中不可執也。新安陳氏曰。不可如子莫之固執耳。非謂堯舜湯之執中爲不可也識得則事事物物皆有自然之中。不待安排。安排著。直略反則不中矣程子曰。楊子拔一毛不爲。墨子又摩頂放踵爲之。此皆是不得中。至子莫執中。欲執此二者之中。不知怎麽執得。○朱子曰。三聖相授。允執厥中。與子莫執中文同而意異。蓋精一之餘。無適非中。其曰允執。則非徒然執之也。子莫之執中。其爲我不敢爲楊。朱之深。其兼愛不敢爲墨翟之過。而於二者之中。執其一節以爲中耳。故由三聖以爲中。則其中活。由子莫以爲中。則其中死。中之活者。隨時隨事。而無不中。中之死者。非學聖人之學。不能有以權之。而常適於中也。權者。權衡之權。言其可以稱物之輕重。而遊移前却以適其中。蓋所以節量仁義之輕重。而時措之者也。程子謂子莫執中。比楊墨爲近。而中則不可執也。當知子莫之執中。與舜禹湯之執中不同。則知此說矣。蓋聖人義精仁熟。非有意於執中。而自然無過不及。故有執中之名。而實未嘗有所執也。以其無時不中。故又曰時中。若學未至。理未明。而徒欲求夫所謂中者而執之。則所謂中者。果何形狀而可執也。殆見愈執而愈失矣。子莫是也。既不識中。乃慕夫時中者而欲隨時以爲中。吾恐其失之彌遠。未必不流而爲小人之無忌憚也。中庸但言擇善而不言擇中。其曰擇乎中庸。亦必繼之曰得一善。豈不以善端可求。而中體難識乎。夫惟明善。則中可得而識矣。○慶源輔氏曰。楊氏資質略偏於剛毅。墨氏資質略偏於寬厚。只緣不知至理所在而各流於一偏。淪胥不已。遂至各極其偏。一則爲我。一則兼愛。至於子莫。又自其末流觀之。而知楊墨之皆失中也。乃度於兼愛爲我之間而執其中。其意固善而於道亦近矣。然時有萬變。事有萬殊。物有萬類。而中無定體。若但膠於一定之中而執之。不能如稱錘之因物輕重而前却以取平。則與二子之執一者亦無異矣。若子莫者。是要安排箇中來執之也。○問書之允執厥中。與子莫執中之說。二者分辨如何。潛室陳氏曰。允執厥中。乃時中之中。觸處是道理。活法也。子莫乃執一以爲中。死法也。霄壤之異。○新安陳氏曰。

安排者以私意揣度之而不順其自然也

所惡執一者，爲其賊道也，舉一而廢百也。惡、爲，皆去聲。

賊，害也。爲我害仁，兼愛害義，新安陳氏曰：爲我者惟知有己，不知有人，似義非義而有害於仁；兼愛者愛無差等，似仁非仁而有害於義。執中者害於時中，皆舉一而廢百者也。南軒張氏曰：爲我、兼愛皆道也。當爲我則爲我，當兼愛則兼愛，是乃道也。彼墮於一偏者，固賊夫道，而於其間取中者，是亦舉其一而廢其百耳。○雲峯胡氏曰：吾儒亦有所謂中，所謂一，但吾儒之中也，隨時以取中；異端之中也，執中而無權。吾儒之一也，一以貫萬；異端之一也，一而廢百。○新安陳氏曰：舉一偏而廢百端。百者，言其多耳。

○此章言道之所貴者中，問：中一名而函二義，這箇中要與喜怒哀樂未發之中異，與時中之中同？曰：然。中之所貴者權。楊氏曰：禹稷三過其門而不入，苟不當其可，則與墨子無異。顏子在陋巷不改其樂。苟不當其可，則與楊氏無異。子莫執爲我兼愛之中而無權，鄉鄰有鬭而不知閉戶，同室有鬭而不知救之，是亦猶執一耳。故孟子以爲賊道。禹稷顏回易地則皆然，以其有權也。不然，則是亦楊墨而已矣。

朱子曰：子莫見楊墨皆偏在一處，要就二者之中而執之。正是安排尋討也。原其意思，固好，只是見得不分明。依舊不是。且如三過其門而不入，在禹稷之時則可，在顏子則不可。居陋巷在顏子之時則是中，在禹稷之時則非中矣。居陋巷則似楊氏，三過其門而不入，則似墨氏。要之禹稷似兼愛而非兼愛，顏子似爲我而非爲我。

○孟子曰：饑者甘食，渴者甘飲，是未得飲食之正也，饑渴害之也。豈惟口腹有饑渴之害？人心亦皆有害。

口腹爲饑渴所害，故於飲食不暇擇而失其正味。人心爲貧賤所害故於富貴不暇擇而失其正理朱子曰。飢渴害其知味之性。則飲食雖不甘。亦以爲甘。利欲害其仁義之性。則所爲雖不可。亦以爲可

人能無以饑渴之害爲心害則不及人不爲憂矣

人能不以貧賤之故而動其心則過人遠矣慶源輔氏曰。人若能不以貧賤動其心。而於富貴辨其所當得而受之。其不當得則不受之。則過於常人遠矣。過人之遠。則不憂其不及人矣。○新安陳氏曰。富貴有當得不當得之正理。知之在心。如飲食有美惡之正味。知之在口。口腹因饑渴而失其正味。人易知之。人心因貧賤而失其正理。人多未知也。孟子因舉人之易知者以曉人之未知者。夫貧賤不與饑渴期而饑渴必至。自非有守之君子。必不能忍饑渴。遂厭貧賤而求富貴以害其心之正理矣。是害口腹者。饑渴也。害心者。亦饑渴也。饑渴能害口之正味。不當以害心之正理。此君子所以可饑可寒。可貧可賤。而不可與爲不義也。人能不以貧賤動其心。不以饑渴之害害其心。則必不厭貧賤以脫饑渴。必不冒受富

貴以圖甘肥。而不患不及人矣。凡此皆孟子所以遏人欲而存天理也

○孟子曰。柳下惠不以三公易其介

介。有分辨之意。慶源輔氏曰。介有分辨意。則與界限之界同。凡事各有界限。甚分明不可踰越○新安陳氏曰。介有剛介介特廉介之意。惟其有分辨。所以能如此。亦如廉本訓廉隅。惟其廉隅分辨。所以清廉廉潔也柳下惠進不隱賢。必以其道。遺佚不怨。阨窮不憫。直道事人。至於三黜。是其介也。○此章言柳下惠和而不流。問柳下惠不以三公易其介。此與聖人之和互相發明邪。乃所以爲和邪。龜山楊氏曰。觀惠之和宜若不介。故此特言之。問何以知其介。曰。只不卑小官之意。便自可見。如柳下惠之才。以爲大官。何所不可。而樂於爲小官。則其剛介可知矣。○新安陳氏曰。不以三公之貴。移奪其所守之介。和而不流故也。與孔子論夷齊不念舊惡意正相類。皆聖賢微顯闡齒淺反幽之

意也汪氏曰。伯夷餓于首陽。伊尹祿以天下不顧。皆能不以三公易其介。獨稱柳下惠何也。以惠之和嫌於不介故也。○雲峯胡氏曰。人皆知夷齊之清而不知夷齊之清而有量。人皆知柳下惠之和。而不知惠之和而不流。孔孟之言。皆闡幽之意也。微顯是帶過說。○新安陳氏曰。微顯闡幽四字。出杜預春秋傳序。本以言孔子作春秋之意。於顯明者則微之。幽昧者則闡之。集註以爲孔孟之論夷齊柳下惠。亦得此意。蓋夷齊之清。惠之和。此其顯而易見者。夷齊之不念舊惡。惠之介。此其幽而難見者。今則微其顯而闡其幽。聖賢之至公至明如此

○孟子曰。有爲者辟若掘井。掘井九軔而不及泉。猶爲棄井也辟讀作譬。軔音刃。與仞同

八尺曰仞。新安倪氏曰。集註於語夫子之墻數仞下云七尺曰仞。愚按周書爲山九仞。孔安國云八尺曰仞。鄭玄云七尺曰仞。集註兩存其說歟。蔡氏傳從孔說。愚證之周禮匠人爲溝洫。廣四尺。深四尺。謂之溝。廣八尺。深八尺。謂之洫。廣二尋。深二仞。謂之澮。蓋其爲溝洫澮。是加一倍之數。尋八尺也。仞亦八尺也。度脩廣

則計之以尋度高深則計之以仞是澮之廣與深各一丈六尺也以此觀之則孔說爲是鄭說恐非言鑿井雖深然未及泉而止猶爲自棄其井也○呂侍講曰名希哲字原明河南人仁不如堯孝不如舜學不如孔子終未入於聖人之域終未至於天道未免爲半塗而廢自棄前功也慶源輔氏曰爲人而未得爲聖人言治而不及於堯舜皆爲未及夫泉也○雲峯胡氏曰當與論語譬如爲山一章通看學問垂成而不至於成者可爲戒矣

○孟子曰堯舜性之也湯武身之也五霸假之也

堯舜天性渾上聲全不假脩習湯武脩身體道以復其性五霸則假借仁義之名以求濟其貪欲之私耳程子曰身之是身踐履之也假之者身不行而假借之也○張子曰堯舜固無優劣及至湯武則有別孟子言性之反之自古

無人如此言性孟子分出逐知堯舜是生知湯武學而能之○龜山楊氏曰堯舜性之由而行者也湯武身之體之者也五霸則假之而已非己有也若管仲責包茅不入王祭不共昭王南征不反非誅伐之本意假此爲說耳○朱子曰性之是合下如此身之是做到那田地○問性善之善與堯舜性之之性如何曰性善之性字實性之之性字虛性之只是合下稟得合下便得來受用又曰反之是先失著了反之而后得身之是把來身上做起○性是自然有底身是從身上做得來底湯武固皆身之但細觀其書湯身之之功恐更精密湯有慙德如武王恐未必有此意○新安陳氏曰孟子論堯舜湯武曰堯舜性者也湯武反之也與此章爲二而互相發明反之即復其性也論五霸者不一莫切於假之一辭曰以力假仁者霸與此章爲二乃是以一字斷盡五霸心事得春秋以一字爲褒貶與誅心之法者也

久假而不歸惡知其非有也惡平聲

歸還也有實有也言竊其名以終身而不自知其非眞

有。慶源輔氏曰。其初不過以之欺人。而其終遂至以之自欺。或曰。蓋歎世人莫覺其僞者亦通。舊說趙邠卿註久假不歸。即爲眞有。則誤矣。朱子曰。惡知二字。爲五霸設。如云五霸自不知也。五霸久假而不歸。安知其亦非己有也。○汪氏曰。舊說之意。謂若能久假而不歸。則固有者將自得之。是爲假者謀。假者之初意全非天理。而以人欲之私行之。合下已差矣。加以久假。則私意纏繞以終其身。虛僞益甚。膠固莫解。其得爲眞有之乎。是皆學術心術不正。不能辨公私理欲之幾者之論。宜朱子明辨其誤也。○尹氏曰。性之者與道一也。身之者履之也。及其成功則一也。五霸則假之而已。是以功烈如彼其卑也。問假之之事。眞所謂幽沉仁義。非獨爲害當時。又且流毒后世。朱子曰。此孟子所以不道桓文而卑管晏也。且如興滅繼絶。誅殘禁暴。懷諸侯而尊周室。百般好事他都做。只是無惻怛之誠心。他本欲他事之行。又恰有這題目入得。故不得不舉行。此邵子所以有功之首。罪之魁之論。○雲峯胡氏曰。性之者。自然而然。身之者，當然而然。假之者，似然而實不然。自然者，所性而有。當然者，能復其有。似然者，不自知其非眞有。

○公孫丑曰：伊尹曰：予不狎于不順，放太甲于桐，民大悅。太甲賢，又反之，民大悅。

予不狎于不順，太甲篇文。狎，習見也。不順，言太甲所爲不順義理也。言不欲習見其如此。餘見形甸反前篇。

賢者之爲人臣也，其君不賢，則固可放與？平聲 孟子曰：有伊尹之志則可，無伊尹之志則簒也。

伊尹之志，公天下以爲心而無一毫之私者也。南軒張氏曰：伊尹之事，志存乎宗祀。變而得其正者也。方是時，太甲在諒陰，故從之先王墓側，使之動心忍性而深思焉。是伊尹以冢宰攝政，而太甲居憂于桐耳。太甲克終允德，則於練除之際，奉而歸亳焉。其克終雖由其自怨艾以改過。實亦尹之至誠有以感格之。無尹之志。徒以君不賢而放之。是篡亂之所爲耳。後世雖霍光放昌邑王賀而立宣。庶幾乎心存宗祀者。然始也。建立之不審。而至誠敦篤又不加焉。其於尹之志。蓋有愧也。是以嚴延年劾之以爲擅廢立。無人臣禮。而識者有取焉。霍光且爾。况他人本爲一身利害計者乎。所謂元惡大憝。必誅而無赦者也。○慶源輔氏曰。公天下以爲心。豈一朝夕勉強所能爲哉。非道全德備。其素行有以信於人。至誠有以通於天者不能也。○覺軒蔡氏曰。孟子此兩語。不惟見伊尹之心如青天白日。而百世之下姦臣亂賊。亦無所逃其罪矣。味則可之辭。亦見處變僅可之意。而非正法也

○公孫丑曰。詩曰不素餐兮。君子之不耕而食。何也。孟子曰。君子居是國也。其君用之。則安富尊榮。其子弟從之。則孝弟忠信。不素餐兮。孰大於是。餐七丹反

詩。魏國風伐檀之篇。素。空也。無功而食祿。謂之素餐。此

與告陳相彭更之意同南軒張氏曰伐檀之詩非必欲君子稼穡而後食也公孫丑以君子不耕而食爲素餐其爲詩也亦固矣其弊將至於爲許行之徒之論矣故孟子告之以不素餐之大者夫君子仁義脩乎身居是國也其君用之則安富尊榮如其未用子弟從之則亦薰陶乎孝弟忠信之習而足以善俗若夫飾小廉而妨大德徇末流而忘正義非君子之道也○新安陳氏曰君子居人國用則有功於君而功業建下用亦有功於人子弟而風俗厚豈爲無功而食乎丑之見何陋也

○王子墊問曰士何事墊丁念反

墊齊王之子也上則公卿大夫下則農工商賈音古皆有所事而士居其閒獨無所事故王子問之也

孟子曰尚志

尚高尚也志者心之所之也士既未得行公卿大夫之

道文不當爲農工商賈之業則高尚其志而已朱子曰此志字與父在觀其志之志同未見於所行方見其所存也

曰何謂尚志曰仁義而已矣殺一無罪非仁也非其有而取之非義也居惡在仁是也路惡在義是也居仁由義大人之事備矣惡平聲

非仁非義之事雖小不爲而所居所由無不在於仁義此士所以尚其志也慶源輔氏曰士雖未得位以行其道而其志則須高尚方可志於仁義則高尚溺於利欲則卑汙大人謂公卿大夫言士雖未得大人之位而其志如此則大人之事體用已全若小人之事則固非所當爲也南軒張氏曰殺一無罪而非仁由是而體之則人之所以能愛者可得而推矣

非其有而取之爲非義由是而體之則其義之所以爲宜者可得而推矣居仁由義居則不違由則不他居仁則體立由義則用行大人之事亦不越此而已矣○新安陳氏曰此章因王子問士何所事對以士志乎仁義已備大人之事蓋志者事之本未爲者也事者志之用有爲者也志之所向素高則事之大本已立一旦得大人之位舉而措之耳何必待有事迹可見而後始謂之有所事哉若農工商賈小人之事不特非所當爲亦不屑爲且不暇爲也

○孟子曰仲子不義與之齊國而弗受人皆信之是舍簞食豆羹之義也人莫大焉亡親戚君臣上下以其小者信其大者奚可哉舍音捨食音嗣

仲子陳仲子也言仲子設若非義而與之齊國必不肯受齊人皆信其賢然此但小廉耳其辟兄離母不食君

禄無人道之大倫罪莫大焉豈可以小廉信其大節而遂以爲賢哉南軒張氏曰仲子飾小廉而廢大倫其不知義已甚矣○慶源輔氏曰觀前篇所論仲子之事其介然自守如此則不義而與之齊國必不肯受此徇名而強矯者或能之故孟子以爲是特舍簞食豆羹之義而已蓋未以爲賢也若夫安於人倫使之各盡其道則非盡性而樂循理者不能故孟子言此以曉齊人使之勿迷於小而必察其大耳○新安陳氏曰孟子於陳仲子其對匡章既深非之此又申言之二章當參看

○桃應問曰舜爲天子皐陶爲士瞽瞍殺人則如之何

桃應孟子弟子也其意以爲舜雖愛父而不可以私害公皐陶雖執法而不可以刑天子之父故設此問以觀聖賢用心之所極非以爲眞有此事也

孟子曰。執之而已矣

言皐陶之心。知有法而已。不知有天子之父也

然則舜不禁與與平聲

桃應問也

曰。夫舜惡得而禁之。夫有所受之也夫音扶惡平聲

言皐陶之法有所傳受。非所敢私。雖天子之命亦不得而廢之也

然則舜如之何

桃應問也

曰。舜視棄天下猶棄敝蹝也。竊負而逃。遵海濱而處。終身

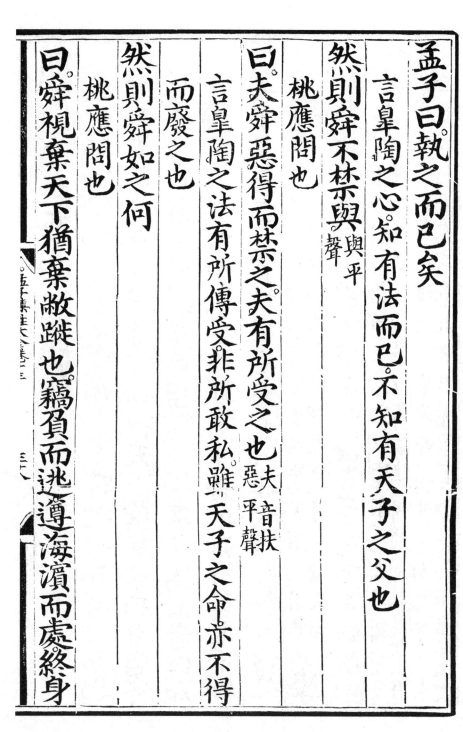

訢然樂而忘天下。蹝音徙。訢與欣同。樂音洛。

蹝，韻書音所爾反，又所蟹反。草履也。遵，循也。言舜之心，知有父而已，不知有天下也。孟子嘗言舜視天下猶草芥，而惟順於父母可以解憂，與此意互相發。○此章言爲士者，但知有法，而不知天子父之爲尊；爲子者，但知有父，而不知天下之爲大。蓋其所以爲心者，莫非天理之極，人倫之至。雲峯胡氏曰：皐但知有天子之法，法，天理也；君臣，人倫之至也。舜但知有父，天理也；父子，人倫之至也。學者察此而有得焉，則不待較計論量，而天下無難處上聲之事矣。朱子曰：某嘗問李先生以此事，先生曰：蒯瞶父子只爲無此心，所以爲法律所縛，都轉動不得。若舜之心，則法律縛他不住，終身訢然樂而忘天下，求仁得仁，何怨之有。然此亦只是言聖賢之心耳，聖賢之心合下是如此。權制有未假論。然到極不得已處。亦須變而通之。蓋法者天下公共。在臯陶亦只得執之而已。若人心不許舜棄天下而去。則便是天也。臯陶亦安能違天。法與理便即是人心底。亦須是合下有如此底心。方能爲是權制。今人於事合下無如此底心。其初便從權制去則不可○執之而已矣。非洞見臯陶之心者不能言也。此一章之義。見聖賢所處。無所不用其極。所謂止於至善者也○南軒張氏曰。舜之有天下。初不以天下與於己。循天理之當然而已。爲瞽瞍殺人而枉其法則失天下之公。若致辟於瞽瞍。則廢父子之倫。是皆雖有天下。不可一朝居者也。舜寧去天下而存此義耳。舜非輕天下也。義所當去。視天下猶敝蹝也。是故在臯陶則使舜得以伸其竊負之義。在舜則以此而可以終身。夫何求哉。循天理而已。善發明舜之心者。其惟孟子乎。若後世以利害之見論之。則謂天下方戴舜而賴其治。舜乃去之。得無廢成業而孤衆望乎。此不知天命者也。聖人所以爲治。奉天命而已。若汩於利害而失天理之所在。雖舜亦何以治天下哉。或者以爲臯既執瞽瞍。舜烏得而竊之。蓋未之思也。臯既執瞽瞍於前而使舜得伸其竊負之義於後。是乃天理時中。全君臣父子之倫者也。微孟子孰能推之。○汪氏曰。竊負而逃。畏天故也。訢然之樂。樂天故也。孟子之對。示後世爲人臣子之道而已。以天子之父殺人且不可舍。况其卑者乎。以天下之大且可棄。况其小者乎

○孟子自范之齊。望見齊王之子。喟然嘆曰。居移氣。養移體。大哉居乎。夫非盡人之子與。夫音扶與平聲

范齊邑。居謂所處上聲下同之位。養奉養去聲也。言人之居處所繫甚大。王子亦人子耳。特以所居不同。故所養不同。而其氣體有異也

孟子曰

張鄒張敬夫。鄒志完皆云羨延面反文也

王子宮室車馬衣服多與人同。而王子若彼者。其居使之

然也。況居天下之廣居者乎

廣居見形甸反下同前篇。謂仁也尹氏曰。睟然見於面盎於背。

居天下之廣居者然也新安陳氏曰。居仁宅者之氣象。必德潤身而心廣體胖與王子驕貴之氣習又不侔矣

魯君之宋。呼於垤澤之門。守者曰。此非吾君也。何其聲之似我君也。此無他。居相似也。呼去聲

垤澤。宋城門名也。孟子又引此事為證問孟子先言居移氣養移體後却只言居。朱子曰。有是居則有是養。居公卿有公卿底奉養。居貧賤有貧賤底奉養。言居則養在其中。○南軒張氏曰。居天下之廣居。宅乎天理者也。宅之久。則其氣質變化有不期然而然者矣。夫聖賢相去雖有先後而玩其氣象如出一人者。以其所居之同故也。○新安陳氏曰。此章重在居廣居一句。勢位之居。猶足移氣與

賤者異。廣居之居。其能充吾正氣而與常人異也必矣

○孟子曰。食而弗愛。豕交之也。愛而不敬。獸畜之也。食音嗣畜許六反

交接也。畜養也。獸謂犬馬之屬

恭敬者。幣之未將者也

將猶奉也。詩曰。承筐是將。小雅鹿鳴篇程子曰。恭敬雖因威儀幣帛而後發見。形甸反然幣之未將時。已有此恭敬之心。非因幣帛而後有也

恭敬而無實。君子不可虛拘

此言當時諸侯之待賢者。特以幣帛為恭敬而無其實

也。拘，留也。趙邠卿曰：實，謂愛敬也。○慶源輔氏曰：世衰道微，在上者皆不知有恭敬待賢之誠，而惟恃其有幣帛之聘；在下者惟知有幣帛之可慕，而不察夫上之人所以待之之誠。上下之情交騖於利，而不知有義理焉，故孟子發此論以警之。

○孟子曰：形色，天性也；惟聖人然後可以踐形。

人之有形有色，無不各有自然之理，所謂天性也。踐，如踐言之踐。禮記曲禮：脩身踐言，謂之善行。蓋衆人有是形，而不能盡其理，故無以踐其形；惟聖人有是形，而又能盡其理，然後可以踐其形而無歉苦忝反也。○程子曰：此言聖人盡得人道而能充其形也。蓋人得天地之正氣而生，與萬物不同。既爲人，須盡得人理，然後稱去聲其名。衆人有之而不知賢人踐之而未盡能充其形惟聖人也楊氏曰天生烝民有物有則物者形色也則者性也各盡其則則可以踐形矣龜山楊氏曰莫非形也自聖人言之目之所視耳之所聽以至口之所言身之所動不待著意莫不合則所謂動容周旋中禮者也未至於聖則未免有克焉若孔子告顏淵非禮勿視等語是也故惟聖人然後可以踐形○朱子曰形是耳目口鼻之類色如一顰一笑皆有至理形色上便有天性視便有視之理聽便有聽之理○問形色天性下却云踐形而不言色何也曰有此形便有此色言形則色在其中矣○踐猶踐言之踐約之踐言聖人所爲便踏著箇形色之性耳性即理之謂○伊川說充其形色說得好形是形體色如臨喪則有哀色介冑則有不可犯之色之類天之生人人之得於天其具耳目口鼻者莫不皆有此理耳便必當無有不聽目便必當無有不明口便必能盡別天下之味鼻便必能盡別天下之臭聖人與常人都一般惟衆人有氣稟之雜物欲之累雖同是耳也而不足於聰同是目也而不足於明同是口而不足以別味

同是鼻而不足以別臭雖有是形而不能充踐此形惟聖人耳則十分聰目則十分明口鼻莫不皆然如此方可以踐此形○潛室陳氏曰聖人盡性地位方償得他本來形色學者未至於聖人則於性分道理未免虧欠才於性分有虧欠即是空具此形色不能充踐滿足也○問孟子曰形色天性也告子曰食色性也二者之分如何曰形色爲性是引氣入道理中來食色爲性是逐道理出形氣外去霄壤之分○新安陳氏曰程子之說蓋自踐字推廣之衆人全不能踐者也賢人雖能踐之而未盡者也聖人則極能踐之而無不盡者也如洪範五事則貌言視聽思極於肅乂哲謀聖此皆踐形之意也

○齊宣王欲短喪公孫丑曰爲朞之喪猶愈於已乎

已猶止也新安陳氏曰丑附其說謂三年短而爲朞猶勝於止而不爲者乎

孟子曰是猶或紾其兄之臂子謂之姑徐徐云爾亦教之孝弟而已矣紾之忍反

紾戾也。教之以孝弟之道則彼當自知兄之不可戾而
喪之不可短矣孔子曰子生三年然後免於父母之懷
予也有三年之愛於其父母乎。所謂教之以孝弟者如
此。蓋示之以至情之不能已者非強上聲之也

王子有其母死者其傅爲之請數月之喪。公孫丑曰。若此
者何如也爲去聲

陳氏曰。王子所生之母死厭一甲反於嫡母而不敢終喪。
其傅爲請於王欲使得行數月之喪也大功九月小功五月時又
適有此事。丑問如此者是非何如。按儀禮公子爲亦去聲
其母所生母練冠麻衣縓七絹反赤黄色緣俞絹反既葬除之疑當

時此禮已廢或既葬而未忍即除故請之也儀禮喪服章記公子爲其母練冠麻衣縓緣爲其妻縓冠葛絰帶麻衣縓緣皆既葬除之公子君之庶子也

曰是欲終之而不可得也雖加一日愈於已謂夫莫之禁而弗爲者也夫音扶

言王子欲終喪而不可得其傅爲請雖止得加一日猶勝不加我前所譏乃謂夫莫之禁而自不爲者耳○此章言三年通喪天經地義不容私意有所短長示之至情人心天理之眞切處則不肖者有以企去智反而及之矣

○孟子曰君子之所以教者五

下文五者蓋因人品高下或相去遠近先後之不同慶源

輔氏曰。如時雨化。品之高者。成德達財。其次也。答問。下者也。私淑艾。有同時而相去或遠。不同時而其生也後。不能及門受業者也

有如時雨化之者

時雨及時之雨也。草木之生。播種封植。丞職反人力已至而未能自化。所少者雨露之滋耳。及此時而雨之。則其化速矣。教人之妙。亦猶是也。若孔子之於顔曾是已。程子曰。待物生。以時雨潤之。使之自化。○朱子曰。時雨化者。不先不後。適當其時而已。○他地位已到。因而發之。如孔子告顔子以四勿。告曾子以一貫。所謂時雨化之者○新安陳氏曰。惟人力已至而後時雨可化。惟顔曾力到功深而後孔子之化可施。使他弟子而遽以是告之。是猶種植之力未至。雖有時雨。亦不能速行也

有成德者。有達財者

財與材同。此各因其所長而教之者也。成德。如孔子之於冉閔。達財。如孔子之於由賜。朱子曰。成就其德。德則天資純粹者。通達其材。材是天資明敏者。○雲峯胡氏曰。孔門四科。顏曾冉閔皆以德行稱。孟子五教。集註則以夫子之於冉閔爲成德。而顏曾爲時雨化之。何也。蓋自顏曾以下。皆在夫子教之之中。而顏曾二子。獨得夫子化之之妙也。

有荅問者

就所問而荅之。若孔孟之於樊遲萬章也。南軒張氏曰。成德達財荅問固在其中。而又有所謂荅問者。此則專爲凡荅其來問者也。雖鄙夫之空空。所以荅之者亦無非竭兩端之教也。○慶源輔氏曰。樊遲之粗鄙。萬章之淺率。孔孟皆必俟其問而後告教之是也

有私淑艾者艾音乂

私竊也。淑善也。艾治也。人或不能及門受業。但聞君子

之道於人。而竊以善治其身是亦君子教誨之所及若孔孟之於陳亢夷之是也。孟子亦曰予未得爲孔子徒也予私淑諸人也朱子曰。艾。芟草也。自艾。淑艾。皆有斬絶自新之意。懲艾。創艾。亦取諸此○有荅問者未及師承只是來相荅問而已。私淑艾者未嘗親見面授只是或聞其風而師慕之或私竊傳其善言善行學之以善於其身是亦君子之教誨也

此五者君子之所以教也

聖賢施教各因其材小以成小大以成大無棄人也趙氏曰。君子之教人。如天地之生物。各因其材而篤焉。天地無棄物。聖賢無棄人

○公孫丑曰道則高矣美矣宜若登天然似不可及也何不使彼爲可幾及而日孳孳也幾音機　孟子曰大匠不爲拙

工改廢繩墨羿不爲拙射變其彀率爲去聲彀古候反率音律

彀率彎弓之限也言教人者皆有不可易之法不容自貶悲檢反以徇學者之不能也

君子引而不發躍如也中道而立能者從之

引引弓也發發矢也躍如如踴躍而出也因上文彀率而言君子教人但授以學之之法而不告以得之之妙如射者之引弓而不發矢然其所不告者已如踴躍而見於前矣中者無過不及之謂中道而立言其非難非易去聲能者從之言學者當自勉也朱子曰引而不發謂漸啓其端而不竟其說躍如謂義理昭著如有物躍然於心目之間○躍如是道理活潑潑地發出在面前如由中躍出○引而不

發躍如也。須知得是引箇甚麽。是怎生地不發。又是甚麽物事躍在面前。須是聳起這心與他看。教此心精一無些子夾雜。方見得他那精微妙處。○道理散在天下事物之間。聖賢也不是不說。然也全說不得。自是那妙處不容說。然雖不說。只纔撥動那頭了時。那箇物事自跌落在面前。如張弓十分滿而不發。箭雖不發箭。然已知得真箇是中這物事了。○南軒張氏曰。聖人之道。天下之正理。不可過。不可不及也。自卑者視之以爲甚高而不知其高之爲中也。自隘者視之以爲甚大。而不知其大之爲常也。徇彼而遷就。則非所以爲道矣。能與不能。則存乎其人耳。中道而立。能者從之。此正大之體。而天地之情也。學者循繩墨彀率而勿舍焉。及其久也。將自有得。不然。蘄獲助長。爲害祗甚矣。○此章言道有定體。教有成法。卑不可抗。高不可貶。語不能顯。默不能藏。汪氏曰。君子雖不貶道以徇人。亦未嘗離人絕物而使人不可幾及也。○雲峯胡氏曰。道有定體。故卑不可抗。高不可貶。是之謂中道而立。教有成法。故語不能顯。默不能藏。而在乎人之能者從之。○新安陳氏曰。道有定體。謂中道而立。教有成法。謂繩墨彀率。卑者不可抗之使高。高者不可貶之使卑。申言道有定體也。雖語有不能顯者。謂引而不發。雖默有不能藏者。謂躍如也。孰玩味之。有無窮之妙

○孟子曰。天下有道。以道殉身。天下無道。以身殉道

殉如殉葬之殉。以死隨物之名也。記檀弓下。陳子車死於衛。其妻與其家大夫謀以殉葬。謀將殺人以殉葬定而後陳子亢至。以告曰。夫子疾莫養於下。請以殉葬。子亢曰。以殉葬。非禮也。雖然。則彼疾當養者。孰若妻與宰。得已則吾欲已。不得已則吾欲以二子者之爲之也。於是弗果用身出則道在必行。道屈則身在必退。以死相從而不離去聲也

趙氏曰。道不可離也。雖時有治亂。已有窮達。非道殉身。即身殉道。以死相從。豈可得而離哉

未聞以道殉乎人者也

以道從人。妾婦之道。華陽范氏曰。君子遭世之治。則身顯而道行。得志澤加於民。故以道

從身。遭世之亂。則身隱而道不行。不得志。脩身見於世。故以身從道。以道殉乎人者。陳代所謂枉尺而直尋也。古之聖賢。以道殉身。伊尹周公是也。以身殉道。孔子孟子是也。君子窮達不離乎道。道可以處則處。道可以出則出。故人君用人。不用其身。唯用其道。以道殉人者。雖得之無所用也。○南軒張氏曰。身與道不可離也。以道殉人。則是可離矣。烏有所謂道哉。○新安陳氏曰。妾婦以順從爲道。故亦曰道。孟子見有身徒顯而道不行。道不行而身猶不知隱者。故發此論。言當隨時之理亂而酌身之進退。非道殉身。則身殉道。身與道不可須臾離也。使道不殉身。身不殉道。即是以道殉乎人矣

○公都子曰。滕更之在門也。若在所禮。而不荅。何也。更平聲

趙氏曰。滕更。滕君之弟。來學者也

孟子曰。挾貴而問。挾賢而問。挾長而問。挾有勳勞而問。挾故而問。皆所不荅也。滕更有二焉。長上聲

趙氏曰。二。謂挾貴挾賢也。尹氏曰。有所挾則受道之心不專所以不荅也慶源輔氏曰。學者之心。須是專一。方有受教之地。有所挾則二三也○新安陳氏曰。挾者。兼有而恃之之稱。勳勞。已嘗有功勞於師。故。謂己與師有舊好。恃此以來學。望師待以異意而教之。皆所不當荅○此言君子雖誨人不倦。又惡去聲夫音扶意之不誠者南軒張氏曰。受道者。以虛心爲本則能受。有所挾。則私意先橫於中而不能入矣。故空空之鄙夫。聖人必竭兩端之教。而滕更挾二故不荅也。使能思所以不荅之故。於所挾致力以消之。是亦誨之矣

○孟子曰。於不可已而已者。無所不已。於所厚者薄。無所不薄也

已。止也。不可止。謂所不得不爲者也。所厚。所當厚者也。此言不及者之弊朱子曰。厚薄是以家對國言之。又曰。所厚。謂父子兄弟骨肉之恩。理之所

當然而人之不能已者

其進銳者其退速

進銳者用心太過其氣易去聲衰故其退速覺軒蔡氏曰進銳退速其病正在意氣方盛之時已有易衰之勢不待意氣已衰之後始見其失也○三者之弊理勢必然雖過不及之不同然卒同歸於廢弛施紙反○慶源輔氏曰不及者之弊則愈見其不及流於欲者之所爲也過者之弊則其退也可立而待役於氣者之所爲也欲肆則無極氣過則易衰循理而行則有則而可繼也○勿軒熊氏曰前二句則見之處事接物之間後一句則本於立心講學之際○雲峯胡氏曰前二者是當用心而不用心之弊後一者是過用其心之弊不用其心固宜廢弛過用其心者亦同歸於廢弛過猶不及故也

○孟子曰君子之於物也愛之而弗仁於民也仁之而弗

親親而仁民，仁民而愛物。

物，謂禽獸草木。愛，謂取之有時，用之有節。新安陳氏曰：當取則取，當用則用，但有時有節，即愛也。若釋氏以不取不用爲愛，則非矣。程子曰：仁，推己及人，如老吾老以及人之老，於民則可，於物則不可。統而言之則皆仁，分而言之則有序。慶源輔氏曰：統而言之則皆仁，分而言之則有輕重之序。然在學者言之，則於此三者之序，有由之而不知者，有得於此而失於彼者，又有倒行逆施雜亂無次者。要當因聖賢之言，反求之心，涵養於未發之前，體察於已發之後，毋惑於異端，毋汩於私慾，然後是聖學工夫。楊氏曰：其分去聲，下同不同，故所施不能無差楚宜反等，所謂理一而分殊者也。問：孟子言愛與仁有小大之分。潛室陳氏曰：親親而仁民，仁民而愛物，所謂一理萬殊，稱物平施。此仁字是用。待禽獸只有愛心，不可使失所。若夫牛不穿鼻，馬不絡首，一以

人理奉之則親民何別不幾於同人類於牛馬乎仁者人心也有人理存焉施於人者不可施於物乃理一分
殊處○新安陳氏曰理一所以爲仁分殊所以爲仁之義尹氏曰何以有是差等一
本故也無僞也慶源輔氏曰一本故無僞而有等差君無等差是僞而二本也○西山眞氏曰
凡生於天地間者莫非天地之子而吾之同氣者也是之謂理一然親親者吾之同體民者吾之同類而物則異
類矣是之謂分殊故仁愛之施則有差○朱氏祖義曰不以待人者施之物以其有貴賤之分也不以待親者
施之他人以其有親疎之殺也於無所不愛之中而不失其貴賤親疎之等差此聖人之仁所以歷萬世而無
弊也○新安陳氏曰暴殄者固非愛物矣梁武之宗廟不用犧牲亦非愛物之宜蓋愛之而仁是以仁民者仁
物也無怪其於民反不仁也墨氏之愛無差等施由親始亦非仁民之宜蓋仁之而親是以親親者親民也無
怪其無父而於親反不親也是皆倒行逆施之道無次序無等差非仁矣○東陽許氏曰愛之而弗仁之愛愛
惜之義不輕用物不暴殄天物之意仁民之仁乃愛之本義親又重於仁

○孟子曰：知者無不知也，當務之爲急；仁者無不愛也，急親賢之爲務。堯舜之知而不徧物，急先務也；堯舜之仁不徧愛人，急親賢也。知者之知，並去聲。

知者固無不知，然常以所當務者爲急，則事無不治，治，去聲。而其爲知也大矣；仁者固無不愛，然常急於親賢，則恩無不洽，而其爲仁也博矣。問：如舜舉皋陶，湯舉伊尹，所謂親賢者，乃治天下不易之務。若當務之急，是隨其時勢之不同，堯之曆象治水，舜之舉相去凶，湯之伐夏救民，皆所務之急者。朱子曰：也是如此。然當務之急，如所謂勞心者治人，勞力者治於人，堯舜之治天下，豈無所用其心，亦不用於耕耳。又如夫子言務民之義，應係所當爲者皆是也。又曰：堯以不得舜爲己憂，舜以不得禹皋陶爲己憂，此聖人之所急也。上好禮則民莫敢不敬，上好義則民莫敢不服，上好信則民莫敢不用情。若學圃學稼，則是不急。○新安陳

氏曰。上四句。言知、仁之理。下六句。舉堯舜之知仁以實之

不能三年之喪而緦小功之察。放飯流歠而問無齒決。是之謂不知務飯扶晚反歠昌悅反

三年之喪服之重者也。緦麻三月。小功五月。服之輕者也。察。致詳也。放飯。大飯。流歠。長歠。不敬之大者也。齒決。齧吾結反斷乾音干肉。不敬之小者也。記曲禮曰。毋放飯。毋流歠。又曰。濡肉齒決。乾肉不齒決濡。濕也。宜齧斷之。乾肉堅。宜用手問。講求之意。南軒張氏曰。孟子所譬。特言咎大徇小者爲不知務耳。非謂能三年之喪則緦小功有不足察。無放飯流歠則齒決有不必問也。先後具舉。本末畢貫。此所以爲道。○新安陳氏曰。上文言智之知急務。仁之急親賢爲務。乃智仁之大者。此取譬於喪服飲食。以譏不能其大而求其細。非知務者也。不知務。是併結上文當務親賢爲務二務字

○此章言君

子之於道。識其全體則心不狹。知所先後則事有序。雲峯胡氏曰。集註之意。以爲識智之全體。則其用宜無所不知。識仁之全體。則其用宜無所不愛。然智之用。有當務之爲急。仁之用。當急親賢之爲務。故不識其全體者。知之不周。愛之不廣。狹用其心者也。不知所先後。則知之雖周而精神弊於無用。愛之欲廣而德澤壅於下流。泛用其心也。輔氏以爲識其全體是言仁知所先後則爲智非集註意矣豐氏曰。智不急於先務。雖徧知人之所知。徧能人之所能。徒弊精神而無益於天下之治。去聲矣。仁不急於親賢。雖有仁民愛物之心。小人在位。無由下達。聰明日蔽於上。而惡政日加於下。此孟子所謂不知務也。新安陳氏曰。當務爲急與急親賢爲務相對。以皋謨能哲而惠。及樊遲問仁智章之意推之。謂智之所當務者。即是急親賢之爲務。仁之所爲即智之所知。亦儘可通。南軒即此說也。但孟子朱子之意本不如此。蓋知所當務所

包甚闊。不可竟以親賢當知。此章乃平論智仁。非論智仁相爲用也

孟子集註大全卷十三

孟子集註大全卷之十四

盡心章句下

凡三十八章

孟子曰不仁哉梁惠王也仁者以其所愛及其所不愛不仁者以其所不愛及其所愛

親親而仁民仁民而愛物所謂以其所愛及其所不愛也

公孫丑曰何謂也梁惠王以土地之故糜爛其民而戰之大敗將復之恐不能勝故驅其所愛子弟以殉之是之謂以其所不愛及其所愛也

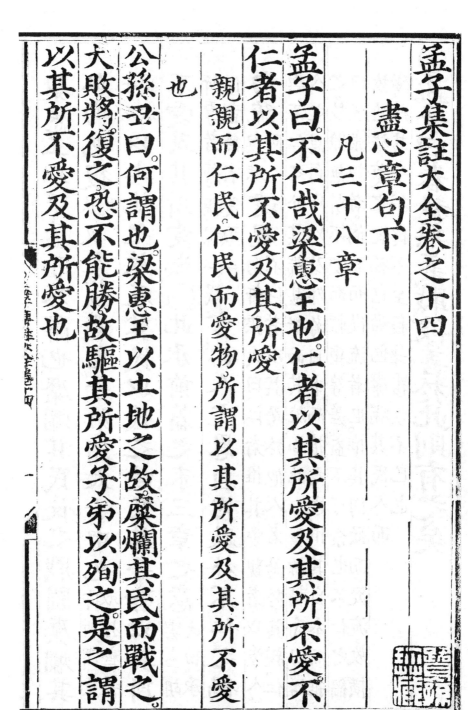

梁惠王以下。孟子荅辭也。糜爛其民。使之戰鬬。糜爛其血肉也。復扶又反之。復戰也。子弟。謂太子申也。即所謂東敗於齊長子死焉者以土地之故及其民。以民之故及其子。皆以其所不愛及其所愛也。○此承前篇之末三章之意。雲峯胡氏曰。承所厚者薄。親親仁民。仁者無不愛而言言仁人之恩自內及外。不仁之禍由疏與疎同逮親。南軒張氏曰。仁者推其愛親者以愛人。不仁者以其忍於他人者忍於其親。仁與不仁之分。其端甚微。而其流如此。○慶源輔氏曰。仁人之恩自內以及外者。自本而推之也。惟其自本而推之。故雖無所不愛。而輕重等差蓋不可紊也。不仁之禍由疏逮親者。徇欲而從流者也。惟其徇欲而從流。故橫放逆施。莫之紀極也。始也糜爛其民人而殘賊其子弟。終不至殺身覆族不已也。

○孟子曰。春秋無義戰。彼善於此。則有之矣。

春秋每書諸侯戰伐之事，必加譏貶，以著其擅興時戰反之罪，無有以爲合於義而許之者。但就中彼善於此者則有之，如召陵之師之類是也。召音邵。春秋僖公四年，齊侯伐楚，楚屈完來盟于師，盟于召陵。○南軒張氏曰：春秋無義戰，如齊桓公侵蔡伐楚，如晉文公城濮之戰，在當時其事雖若善，至於不稟王命而擅用其師，則均爲不義而已矣。○雲峯胡氏曰：春秋書戰，皆以著諸侯無王之罪，召陵之師，猶知假尊王之義。

征者，上伐下也，敵國不相征也。

征，所以正人也。諸侯有罪，則天子討而正之，此春秋所以無義戰也。新安陳氏曰：春秋以道名分，使征伐自天子出，春秋不作矣。惟不自天子出而自諸侯出，春秋所以作也。無義戰三字，斷盡春秋諸侯兵爭之罪。

○孟子曰。盡信書。則不如無書。

程子曰。載事之辭。容有重稱而過其實者。學者當識其義而已。苟執於辭。則時或有害於義。不如無書之愈也。

吾於武成。取二三策而已矣。

武成。周書篇名。武王伐紂歸而記事之書也。策。竹簡也。取其二三策之言。其餘不可盡信也。程子曰。取其奉天伐暴之意。反政施仁之法而已。張子曰。不以文害辭。不以辭害意。此教人讀詩法也。於武成取二三策而已。此教人讀書法也

仁人無敵於天下。以至仁伐至不仁。而何其血之流杵也。

杵。舂杵也。或作鹵。音魯與魯同楯也。楯。豎尹反兵器所以蔽身者武成言武

王伐紂。紂之前徒倒戈攻于後以北。血流漂杵。孟子言此則其不可信者。然書本意乃謂商人自相殺。非謂武王殺之也。孟子之設是言。懼後世之惑。且長上聲不仁之心耳。

問血流漂杵。乃紂之前徒倒戈之所爲。荀子以爲殺之者皆商人。非周人者是也。而孟子不之信。何哉。朱子曰。此亦拔本塞源之論。蓋雖殺者非我。而亦不忍言也。程子以爲孟子設爲是言。蓋得其微意。余隱之云。魯語曰。俎豆之事則嘗聞之矣。軍旅之事。未之學也。孔子之意可見矣。客有問陶弘景註易與本草孰先。陶曰。註易誤。不至殺人。註本草誤。則有不得其死者。世以爲知言。唐子西嘗曰。弘景知本草而未知經。註本草誤。其禍疾而小。註六經誤。其禍遲而大。前世儒臣引經誤國。其禍至於伏尸百萬。流血千里。武成曰。血流漂杵。武王以此自多之辭。當時倒戈攻後。殺傷固多。非止一處。豈至血流漂杵乎。孟子深慮戰國之君以此藉口。故曰盡信書則不如無書。而謂血流漂杵未足爲多。豈示訓之至哉。經訓之禍。正此類也。反以孟子爲畔經。豈不惑

之甚邪

○孟子曰有人曰我善爲陳我善爲戰大罪也陳去聲

制行音杭伍曰陳交兵曰戰以帝王之世律之大罪人也

國君好仁天下無敵焉南面而征北狄怨東面而征西夷

怨曰奚爲後我好去聲

此引湯之事以明之解見形甸反前篇

武王之伐殷也革車三百兩虎賁三千人兩去聲賁音奔

又以武王之事明之也兩車數一車兩如字輪也千書序

作百

王曰無畏寧爾也非敵百姓也若崩厥角稽首

書泰誓文與此小異孟子之意當云王謂商人曰無畏我也我來伐紂本爲去聲安寧汝非敵商之百姓也於是商人稽首至地如角之崩也

征之爲言正也各欲正己也焉用戰焉於虔反

民爲暴君所虐皆欲仁者來正己之國也南軒張氏曰戰國之際以功力相勝善爲戰者則謂之能臣矣而孟子前以爲當服上刑今又以爲大罪蓋所謂深救當時之弊使之循其本也循其本有道焉其惟好仁乎好仁則無敵於天下若不志於仁而徒欲以功力取勝則天下孰非吾敵勝與負均爲殘民而逆天也○雲峯胡氏曰觀此復引書而言則可知前章所謂盡信書不如無書者矣大抵此四章亦相承而言一章以梁王之戰爲不仁二章以春秋之戰爲無義三章言武王仁義之師必無血流漂杵之事四章言湯武仁義之師必不用我善爲戰之人○東陽許氏曰孟子之時皆尚攻戰能者爲賢臣而孟

子乃以爲大罪。蓋國君苟能行仁政以愛其民。使之飽暖安佚。則下民親戴其上矣。其他國之民受虐於君者。心必歸於此。人既樂歸於我。我以親上之民而征虐民之君。則其民豈肯與我爲敵。故引湯武之事以證之

○孟子曰。梓匠輪輿能與人規矩。不能使人巧

尹氏曰。規矩法度可告者也。巧則在其人。雖大匠亦末如之何也已。蓋下學可以言傳。上達必由心悟。南軒張氏曰。聖賢之教人。自洒掃應對進退而上。皆規矩也。行著習察。則存乎人。聖賢亦豈能使之然哉。然而固不外乎規矩。舍規矩以求巧。無是理也。○新安陳氏曰。巧即循規矩熟後自得之妙。未有舍規矩而可以得巧者。上達即下學之覺悟處。未有舍下學而徑可以上達者。但巧與上達。非教者所能致力耳。未嘗以爲出於規矩與下學之外也。○本文如詩六義之比。未嘗說破。此乃以吾道之教者與學者言之也。莊周所論斲輪之意蓋如此莊子天道篇。桓公齊君讀書於堂上。輪扁音篇又如字。匠氏名斲輪於堂下。釋椎鑿

而上問桓公曰敢問公之所讀者何言耶公曰聖人之言也曰聖人在乎公曰已死矣曰然則君之所讀者古人之糟魄音各反已夫桓公曰寡人讀書輪人安得議乎有說則可無說則死輪扁曰臣也以臣之事觀之斵輪徐則甘而不固疾則苦而不入不徐不疾得之於手而應之於心口不能言有數存焉於其間臣不能以喻臣之子臣之子亦不能受之於臣是以行年七十而老斵輪古之人與音余其不可傳者死矣然則君之所讀者古人之糟魄已夫

○孟子曰舜之飯糗茹草也若將終身焉及其爲天子也被袗衣鼓琴二女果若固有之飯上聲糗去久反茹音汝袗之忍反果說文作婐烏果反

飯食也糗乾音干糒音備也茹亦食也袗畫俗作畵衣也趙氏曰畫黼黻絺繡之衣也二女堯二女也果女侍也朱子曰趙氏以果爲侍廣韻從女從

果者亦曰侍言聖人之心。不以貧賤而有慕於外。不以富貴而有動於中。隨遇而安。無預於己。所性分去聲定故也。南軒張氏曰。若將終身。若固有之。可謂善形容舜者。蓋所欲不存。樂天而安土。窮而在下。則無一毫之虧。達而在上。亦無一毫之加。故無適而不得也。○慶源輔氏曰。所性。謂天所予我之性。分定。謂雖大行不加。雖窮居不損也。夫貧富貴賤。皆外物之儻來寄也。聖人盡性。故湛然無所欣戚於其間。隨遇而安。不以物動己也。無預於己。不以己隨物也。

○孟子曰。吾今而後知殺人親之重也。殺人之父。人亦殺其父。殺人之兄。人亦殺其兄。然則非自殺之也。一間耳。間去聲

言吾今而後知者。必有所爲去聲而感發也。一間者。我往

彼來間一人耳。其實與自害其親無異也。范氏曰。知此。則愛敬人之親人亦愛敬其親矣南軒張氏曰。天有顯道。厥類惟彰。感應之理。未有不以類者。方其殺人之親。孰知人殺吾親其機固已在此乎。觀魏晉南北朝之君。互相屠戮。自今觀之。屠戮他人者。實自絕滅而已矣。孟子斯言。欲使時君無動於忿欲。寡怨息爭以保其宗廟親族。是仁術也

○孟子曰。古之爲關也。將以禦暴譏察非常

今之爲關也。將以爲暴征稅出入新安陳氏曰。關有譏有征。古者禁異服譏異言。以譏爲主。今以征爲主而已○范氏曰。古之耕者什一。後世或收太半之稅。此以賦斂力驗反爲暴也。文王之囿與民同之。齊宣王之囿爲阱國中。此

以園囿爲暴也。後世爲暴不止於關。若使孟子用於諸侯。必行文王之政。凡此之類。皆不終日而改也。南軒張氏曰。古以義理爲國。後世徇利而已。古人創法立制。與天下公共。凡以爲民耳。以利爲國。雖古法之尚存者。亦皆轉而爲一己之計矣。本原不正。無往不失先王之意。豈特爲關之暴而已哉。○慶源輔氏曰。關則一而古今所以爲關之意則不同。譏察非常。爲義也。天理也。征稅出入。爲利也。人欲也。天下之事莫不然。孟子舉關之一事言之。范氏推言及賦斂苑囿之事。且曰使孟子用於諸侯。必行文王之政者。尤說得孟子之事實。蓋孟子言語句句是事實。言之則必行之

○孟子曰。身不行道。不行於妻子。使人不以道。不能行於妻子。

身不行道者。以行（去聲）言之。不行者。道不行也。使人不以

道者以事言之不能行者令不行也朱子曰。身若不行道。則妻子無所取法。全無畏憚了。然猶可使也。若使人不以道。則妻子亦不可使矣○問不行於妻子。百事不可行不可使亦在其中。不能行於妻子。卻只指使人一事言之否。曰。然○南軒張氏曰。順理之事。則人易從。否則雖妻子亦不能使之必從也。前言不躬行。則無以化之。後言使之非道。則不得而强之。然使之以道而躬行未至。彼亦未必信從。均於不行而已。是行道爲本也。然在行道者言之。使人以道。亦行道之見於一事者也。古人謂進德者必考之於妻子。其是之謂歟

○孟子曰。周于利者。凶年不能殺。周于德者。邪世不能亂

周。足也。言積之厚。則用有餘慶源輔氏曰。德貴蓄積。然後有餘。餘用而外物不足以亂之。若夫挾一善一長。而自以爲足而欲以遊於邪世。則鮮有不爲其所亂者矣。故良農不患乎年之有凶。而惟患乎蓄糧之不厚。君子不患乎世之難處。而患乎德之不周。戰兢自持。死而後已。凡皆以周其德也○新安

陳氏曰。積利厚者。豐凶皆給。積德厚者。理亂皆正。孟子不言利而此言之。主周于德而言。借以爲喩而引起耳

○孟子曰。好名之人。能讓千乘之國。苟非其人。簞食豆羹見於色。好乘食皆去聲見音現

好名之人。矯情干譽。是以能讓千乘之國。然若本非能輕富貴之人。則於得失之小者。反不覺其眞情之發見矣。蓋觀人不於其所勉而於其所忽。然後可以見其所安之實也。朱子曰。讓千乘之國。惟賢人能之。然好名之人。亦有時而能之。本非眞能讓國也。徒出一時之慕名而勉强爲之耳。這邊雖能讓千乘之國。那邊簞食豆羹必見於色。東坡謂人能破千金之璧。而不能無失聲於破釜。正此意也。苟非其人。其人指眞能讓國者。非指好名之人也。○常把此一段對鄉爲身死而不受爲義。蓋此段是好名之心勝。大處打得過。小處漏綻也。動於萬鍾者。是小處遮掩得過。大處發露也。○千乘

之國。辭受之問。十目所視。十手所指之地也。簞食豆羹。得失之際則微矣。人亦何暇注其耳目於斯哉。此好名之士所以飾情於彼以取美名。而不意其鄙吝之真情實能乃發露於忽易不虞之地也。○慶源輔氏曰。矯情者務勉於其大而難久。至誠者不忽於其小而有常。是以觀人之法。不於所勉而於所忽。人之誠與偽見矣。所安。即誠也。○新安陳氏曰。所安對所勉言。勉強者多矯飾於大而不免發露於小。安焉者則貫小大皆出於真實也

○孟子曰。不信仁賢。則國空虛

空虛。言若無人然。慶源輔氏曰。仁者。德之首。賢則總言其有德耳。○新安陳氏曰。仁賢。分言則仁。仁人也。賢。有德之人也。合言則仁德之賢人也

無禮義。則上下亂

禮義所以辨上下。定民志

無政事則財用不足

生之無道取之無度用之無節故也○尹氏曰三者以仁賢爲本無仁賢則禮義政事處上聲之皆不以其道矣

南軒張氏曰信仁賢則君有所輔民有所庇社稷有所託姦宄有所憚國本植立而堅固矣有禮義則自身以及國君君臣臣父父子子而上下序所謂治也有政事則先後綱目粲然具舉百姓足而君無不足焉此三者爲國之大要然信仁賢其本也信仁賢而後禮義興禮義興而後政事脩雖三王之所以治亦不越是矣○新安陳氏曰禮義由賢者出爲政在人三者所以以仁賢爲本也何代不生賢在人君能信用之耳有之而不信用與無八同孟子不曰無仁賢而曰不信仁賢見仁賢信用之則有不信用則無此不信二字之深意

○孟子曰不仁而得國者有之矣不仁而得天下未之有也

言不仁之人。騁丑井反其私智。可以盜千乘之國。而不可以得丘民之心。須看盜字鄒氏曰。自秦以來。不仁而得天下者有矣。秦隋五代是也然皆一再傳而失之。猶不得也。所謂得天下者。必如三代而後可。南軒張氏曰。不仁而得國。得其土地而已。豈得其民心哉。然是終可保乎。孟子之言。所當深味。不可執辭以害意也。後之取天下而立國差久者。其始所行。亦必庶幾於仁。不然。雖得土地於一時。亂亡亦相踵而至。是其得也適以速其滅亡耳。○慶源輔氏曰。不仁而得天下。如曹操司馬氏及五代之君皆是也。鄒氏斷以得天下必如三代而後可者。得孟子之旨矣。○雲峯胡氏曰。騁私智。可以盜之於一時。非至仁。不可得之於悠久。

○孟子曰。民為貴。社稷次之。君為輕。

社。土神。稷。穀神。建國則立壇壝以水反又維季反以祀之。周禮地官。

大司徒設其社稷之壝而樹之田主各以其野之所宜木。遂以名其社與其野。○封人掌設王之社壝爲畿封而樹之。聚土曰封。壝謂壇及堳埒也。白虎通曰。天子社壇方五丈。取五方五色土封之。諸侯半之。各以其所守之方一色土封之。皆冒以黃土。○周禮圖。社稷壇相並。社壇在東。稷壇在西。各三級。壝在四隅。如矩曲方。○趙氏曰。社所以祭五土之神。稷所以祭五穀之神。稷非土無以生。土非稷無以見生生之效。以其同功均利以養人也。故

蓋國以民爲本。社稷亦爲去聲民而立。而君之尊又係於二者之存亡。故其輕重如此。問民貴君輕之說。得不啓後世篡奪之端乎。朱子曰。以理言之則民貴。以分言之則君貴。此固庸行而不悖也。各於其時視其輕重之所在而已爾。若不惟其是。而姑借聖賢之說。則亦何詞之不可借。而所以啓後人之禍者。又豈止於斯乎。○新安陳氏曰。此以理言。非以分言也。

是故得乎丘民而爲天子。得乎天子爲諸侯。得乎諸侯爲

大夫

丘民。田野之民。至微賤也。然得其心。則天下歸之。天子。至尊貴也。而得其心者。不過爲諸侯耳。是民爲重也

諸侯危社稷。則變置

諸侯無道。將使社稷爲人所滅。則當更（平聲）立賢君。是君輕於社稷也

犧牲既成。粢盛既潔。祭祀以時。然而旱乾水溢。則變置社稷（盛音成）

祭祀不失禮。而土穀之神不能爲（去聲）民禦災捍（音汗）患。則毀其壇壝而更（平聲）置之。亦年不順成。八蜡（助駕反）不通之

意。記郊特牲。天子大蜡八。伊耆氏始爲蜡。蜡也者。索音色也。歲十二月。合聚萬物而索饗之也。蜡之祭也。主先嗇而祭司嗇也。祭百種以報嗇也。饗農先農及郵音尤表畷陟劣反。郵表畷。田官督約農事之所也。禽獸仁之至。義之盡也。古之君子。使之必報之。迎貓。爲其食田鼠也。迎虎。爲其食田豕也。迎而祭之也。迎其神而祭之。祭坊與水庸。事也。坊以止水。以其事於我而祭之。八蜡以記四方。四方年不順成。八蜡不通。不與諸方相通而祭以謹民財。順成之方。其蜡乃通。○雲峯胡氏曰。兩變置字不同。集註釋之亦異。變置諸侯者。改立其人也。變置社稷者。改立其祀神之壇壝而非改立其神也。

是社稷雖重於君而輕於民也。

南軒張氏曰。人君惟恃崇高之勢。而忽下民之微。故肆其私欲。輕失人心。以危其社稷。使其知民之貴。社稷次之。而已不與焉。則必兢兢業業。不敢自恃。惟懼其失之也。則民心得而社稷可保矣。是以明王畏其民而闇主使民畏已。畏其民者昌。使民畏已者亡。驕亢自居。民雖迫於勢而憚之。然其心日離。民心離之。是天命去之矣。○慶源輔氏曰。天生民而立之君。以司牧之。是君爲民而立也。世衰道微。至戰國時。爲君者不知其職。視

民如草芥而不知恤也。故孟子發此輕重之論而幷及夫社稷焉。蓋社稷亦爲民立故也。於是反覆明辨之。其丁寧警切之意可謂仁矣

○孟子曰。聖人。百世之師也。伯夷柳下惠是也。故聞伯夷之風者。頑夫廉懦夫有立志。聞柳下惠之風者。薄夫敦鄙夫寬奮乎百世之上。句百世之下聞者莫不興起也。非聖人而能若是乎。而況於親炙之者乎

興起。感動奮發也。親炙。親近而薰炙之也。餘見形甸反前篇。朱子曰。孟子於二子。論之詳矣。雖以爲聖之清和。然又嘗病其隘與不恭。且以其道不同於孔子而不願學也。及其一日發爲此論。乃以百世之師歸之。而孔子反不與焉。蓋孔子道大德中而無迹。故學之者沒身鑽仰而不足。二子志潔行高而迹著。故慕之者一日感慨而有餘也。○問孟子學孔子者也。乃屢稱夷惠而深歎

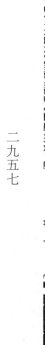

仰之何耶。曰。夷惠之行高矣。然偏勝而易能。有迹而易見。且百世之貪懦鄙薄者衆。一聞其風而興起焉。則其爲效也速。而所及者廣。譬之薑桂大黄之劑。雖非中和。然其去病之功爲捷。而田夫販婦大寒大暑之所便也。若孔子之道則廣大而中正。渾然而無迹。非深於道者不能庶幾其萬一。如參苓芝朮之爲藥。平居有養性之益。而緩急伐病之功。未必優於薑桂大黄。非所以施於閭巷之間危惡之候也。孟子屢稱夷惠而不及孔子。其意殆以此耶。○南軒張氏曰。夷惠稱聖人。以其聖於清聖於和。而得名也。○潛室陳氏曰。伯夷柳下惠皆入聖來。故其清爲聖人之清。和爲聖人之和。作用處與常人萬萬不侔。但比孔子。猶爲小成之聖耳。○汪氏曰。聖人達則澤及當時。窮則風傳後世。於此不及伊尹者。夷惠不爲政於天下。所可言者風而已。伊尹異於是。故不及之。○雲峯胡氏曰。四時之風。莫和於春。莫清於秋。物無有不動者。然在物猶有迹也。仲尼元氣也。渾然無迹矣

○孟子曰。仁也者。人也。合而言之。道也

仁者。人之所以爲人之理也。然仁。理也。人。物也。以仁之

理合於人之身而言之。乃所謂道者也。○程子曰。中庸所謂率性之謂道是也。朱子曰。此仁字不是別物。即是這人底道理。仁是人之道理。就人身上體認出來。及就人身上說。合而言之。便是道也。○人之所以得名。以其仁也。言仁而不言人。則不見理之所寓。言人而不言仁。則人不過是一塊血肉耳。必合而言之。方見得道理出來。○如中庸仁者人也。是對義者宜也。意又不同。人字是以人身言。人自有生意。脩道以仁。便說仁者人也。是切己言之。孟子是統而言之。○道仁則性而已矣。道則父子之親。君臣之分。見於人之身而尤著者也。○只仁與人合而言之。便是道。猶言公而以人體之便是仁也。或曰。外國本人也之下有義也者宜也。禮也者履也。智也者知也。信也者實也。凡二十字。今按如此。則理極分明。然未詳其是否也。尤延之云。孟子仁也者人也下。高麗本云云。此說近是。○新安陳氏曰。若據此本。則是合仁義禮智信而言之。皆道也。且又見得仁義禮智兼信而言五常之

道。尤爲明備云

○孟子曰。孔子之去魯。曰遲遲吾行也。去父母國之道也。去齊。接淅而行。去他國之道也

重平聲出已見萬章下篇○南軒張氏曰。當其可。即是道。當去魯之時。則遲遲其行爲道。當去齊之時。則接淅而行爲道。孟子學孔子。去齊也。非父母國而有三宿出晝之濡滯何也。孟子於宣王。蓋有望焉。故其去有眷眷不能已者。夫其不能以已。是固道之所存也

○孟子曰。君子之戹於陳蔡之間。無上下之交也

君子。孔子也。戹與厄同。君臣皆惡。無所與交也慶源輔氏曰。陳蔡之厄。聖人之極否也。是亦氣數之窮。在聖人則何與焉

○貉稽曰。稽大不理於口貉音陌

趙氏曰。貉。姓。稽。名。爲衆口所訕。所晏反理。賴也。今按漢書

無俚。音里方言亦訓賴前漢季布贊。賢者誠重其死。夫婢妾賤人。感慨而自殺。非能勇也。其畫無俚之至耳。晉灼曰。揚雄方言曰。俚。聊也。許慎曰。賴也○慶源輔氏曰。大不賴於口者。言大爲衆口所訕也

孟子曰。無傷也。士憎茲多口

趙氏曰。爲士者益多爲衆口所訕。按此則憎當從土。今本皆從心。蓋傳寫之誤新安陳氏曰。爲士者往往見憎於此多口。如語之屢憎於人

詩云。憂心悄悄。慍于羣小。孔子也。肆不殄厥慍。亦不隕厥問。文王也

詩。邶蒲昧反風柏舟及大雅緜之篇也。悄悄。憂貌。慍。怒也。

本言衛之仁人見怒於羣小。孟子以爲孔子之事可以

當之。如見毀於叔孫是也。肆。發語辭。南軒張氏曰。肆。猶言隕墜也。遂也。承上起下之辭。問聲問也。本言大王事昆夷。雖不能殄絕其慍怒。亦不自隊墜其聲問之美。孟子以爲文王之事可以當之。如見囚於羑里是也。○尹氏曰。言人顧自處上聲如何。盡其在我者而已。新安陳氏曰。文王孔子二聖人。尚不免逢人之慍怒。況今能絕衆口之謗訕乎。惟在自反而盡其在我者耳○東陽許氏曰。此章言文王孔子雖有聖人之德。亦不免爲衆口所謗訕。而其所以處之者如此。然人雖謗之。終不能損其令名。孟子意謂稽雖爲衆口所訕。但當自脩其德而已

○孟子曰。賢者以其昭昭使人昭昭。今以其昏昏使人昭

昭

昭昭。明也。昏昏。闇與暗同也。尹氏曰。大學之道。在自昭明

德而施於天下國家其有不順者寡矣慶源輔氏曰以己昭昭使人昭昭者求之己也以己昏昏使人昭昭者求之人也尹氏引大學之說當矣能明明德則施於天下國家其有不順者寡矣若不自明其德則如面墻一物無所見一步不可移雖至近如妻子亦且不順况他人乎

○孟子謂高子曰山徑之蹊間句介然用之而成路句爲間不用則茅塞之矣今茅塞子之心矣介音戛

徑小路也蹊人行處也介然倏然之頃也用由也路大路也爲間少頃也茅塞茅草生而塞之也言理義之心不可少有間去聲斷徒玩反也趙氏曰高子齊人嘗學於孟子去而學他術○慶源輔氏曰理義之心人所固有雖易發而亦易窒善端發處體察而力充之則可以成德否則內爲氣習所蔽外爲物欲所誘而遂窒之矣○新安陳氏曰學問漸進則理義日開學問纔止則理義日窒氣習物欲皆塞理義之心

之茅也。學問廢弛。譬之茅又生而塞子之心矣。高子爲人如前篇論小弁。後章論禹文王樂。其固陋窒塞可見

○東陽許氏曰。山間之小徑。倏然有人行而不斷。即成大路。少頃無人行。則茅長而遂塞之。學問之道。才有間斷。私欲便生。而塞天理之路矣

○高子曰。禹之聲尚文王之聲

尚加尚也。豐氏曰。言禹之樂過於文王之樂

孟子曰。何以言之。曰以追蠡 追音堆 蠡音禮

豐氏曰。追。鍾紐 女九反 也。周禮所謂旋蟲是也。趙氏曰。按周禮考工記。鍾縣 平聲 謂之旋。旋蟲謂之幹。蓋縣鍾之紐也。其形如環。環有盤旋之義。於旋之上爲蟲形以飾之。自漢以來。鍾旋之上。以銅篆作蹲熊及盤龍。獸名辟邪。皆旋蟲之類也。蠡者。齧 倪結反 木蟲也。言禹時鍾在者。鍾紐如蟲齧而欲絶。蓋用之者多。而文王

之鍾不然。是以知禹之樂過於文王之樂也

曰。是奚足哉。城門之軌。兩馬之力與與平聲

豐氏曰。奚足言此何足以知之也。軌。車轍迹也。兩馬一車所駕也。城中之涂與途同容九軌。周禮冬官下匠人營國方九里。旁三門。國中九經九緯。經涂九軌。國中。城內也。經緯。謂涂也。經涂之涂皆容方九軌。凡八尺為軌。廣九軌。積七十二尺。則此涂十二步也車可散行。故其轍迹淺。城門惟容一車。車皆由之。故其轍迹深。蓋日久車多所致。非一車兩馬之力能使之然也。借此以為鍾歷年久之譬言禹在文王前千餘年。故鍾久而紐絕。文王之鍾。則未久而紐全。不可以此而議優劣也。○此章文義本不可曉。舊說相承如此。而豐氏差初賣

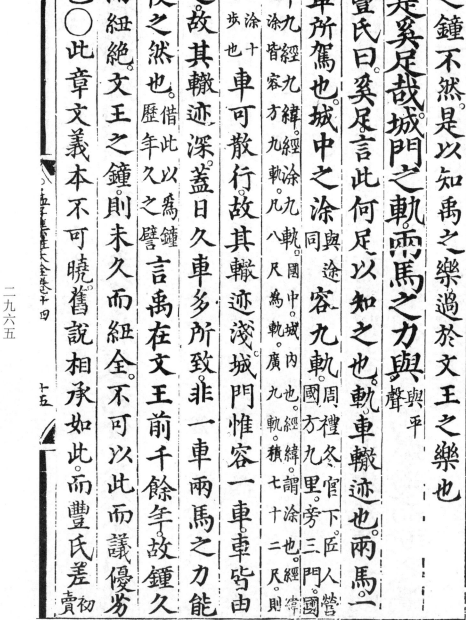

反較也明白。故今存之。亦未知其是否也。

○齊饑。陳臻曰。國人皆以夫子將復爲發棠。殆不可復。復扶又反

先時齊國嘗饑。孟子勸王發棠邑之倉以振貧窮。至此又饑。陳臻問言齊人望孟子復勸王發棠而又自言恐其不可也。華陽范氏曰。孟子在賓師之位。方以仁義說齊王。幸而聽其言。故發棠邑之粟。然而不行王政。孟子言終不合。及再饑。孟子遂不復言。度其不可言也。

孟子曰。是爲馮婦也。晉人有馮婦者。善搏虎。卒爲善士。則之野。有衆逐虎。虎負嵎。莫之敢攖。望見馮婦。趨而迎之。馮婦攘臂下車。衆皆悅之。其爲士者笑之。

手執曰搏。卒爲善士。後能改行去聲爲善也。之，適也。負，依也。山曲曰嵎。攖，觸也。笑之，笑其不知止也。疑此時齊王已不能用孟子，而孟子亦將去矣。故其言如此。南軒張氏曰：世固有勇於爲善事者，不察夫義理之當然與否而必爲之。蓋亦足以悅於流俗。然發不中節，有害於君子之道。是皆馮婦之類耳。學者其無感於衆之悅而有動哉。審諸己而已矣。○慶源輔氏曰：齊人之所望於孟子者利也。而孟子之所以自守者義也。夫告君以發粟振民，是亦美事。固君子所樂爲者。但是時齊王已不能用孟子，而孟子亦將去矣。故其義不當復有所言耳。君子之所爲，與時變化，不主故常，唯義理如何耳。豈徇其常所爲者以取人之悅哉。○新安陳氏曰：勸王發倉振饑，仁也。知時不可言而不言，智也。

○孟子曰：口之於味也，目之於色也，耳之於聲也，鼻之於臭也，四肢之於安佚也，性也，有命焉，君子不謂性也。

程子曰。五者之欲。性也。性之所欲。此即食色性也之性。然有分。去聲不能皆如其願。則是命也。願即欲也。命則天理之則也。不可踰越其分限。不可謂我性之所有而求必得之也。愚按不能皆如其願。不止爲貧賤。蓋雖富貴之極。亦有品節限制。則是亦有命也。朱子曰。此性字指氣質而言。此命字合理與氣而言。五者之欲固是人性。然有命分。既不可謂我性之所有而必求得之。又不可謂我分可以得而必極其欲。如貧賤不能如願。此固分也。富貴之極可以無所不爲。然亦有限制裁節。又當安之於理。如紂之酒池肉林。却是富貴之極而不知限節。若以其分言之。固無不可爲。但道理却恁地不得。今人只說得一邊。不知合而言之未嘗不同也○新安陳氏曰。此命字合理與氣言。貧賤之安於分。此以氣言也。富貴之不過其則。此以理言也

仁之於父子也。義之於君臣也。禮之於賓主也。智之於賢

者也。聖人之於天道也。命也。有性焉。君子不謂命也。

程子曰。仁義禮智天道。在人則賦於命者。所稟有厚薄清濁。然而性善可學而盡。故不謂之命也。張子曰。晏嬰智矣。而不知仲尼。是非命邪。朱子曰。橫渠有云。晏嬰智矣。而不知仲尼。是非命歟。此命字恐作兩般看。若作所稟之命。則是嬰稟得智之淺者。若作命分之命。則是嬰偶蔽於此。遂不知夫子。此當作兩般看。愚按所稟者厚而清。則其仁之於父子也至。義之於君臣也盡。禮之於賓主也恭。智之於賢否也哲。聖人之於天道也無不脗武粉反。一音泯。合而純亦不已焉。薄而濁則反是。是皆所謂命也。或曰。者當作否。人衍字。更詳之。朱子曰。命也有性焉。此命字專指氣而言。此性字專指理而言。如舜遇瞽瞍。固是所遇氣數。然舜惟盡事親之道期於厎豫此所謂盡性○大凡清濁厚薄之稟皆命也一以所稟言之一以所值言之所遇之有淺有深所感之有應有不應但其命雖如此又有性焉故當盡性○或說以五者之命皆爲所值之不同如舜之於瞽瞍則仁或不得於父子文王之於紂則義或不得於君臣孔子之於陽貨則禮或不得於賓主子貢不能聞一知十則智或不得於賢者孔子不得堯舜之位則聖人或不得於天道此皆命也然君子當勉其在己者而不歸之命其義亦通○雲峯胡氏曰此命字專指氣而言然氣亦有二清濁美惡氣質之不齊也高下厚薄脩短氣數之有異也○愚聞之師曰此二條者皆性之所有而命於天者也然世之人以前五者爲性雖有不得而必欲求之以後五者爲命一有不至則不復扶又反致力故孟子各就其重處言之前重在命後重在性以伸此而抑彼也伸後抑前張子所謂養則付命於天道則責成於己其言約而盡矣

朱子曰。口之於味五者。此固性之所欲。然在人則有所賦之分。在理則有不易之則。皆命也。是以不謂之性而付命於天。仁之於父子五者。在我則有厚薄之稟。在彼則有遇不遇之殊。是皆命也。然有性焉。君子不謂之命而責成於己。須如此看意思方圓無欠缺處。○口之於味等固是性。然亦便是合下賦予之命。仁之於父子等固是命。然亦是各得其所受之理便是性。孟子恐人只見得一邊。故就其所主而言。舜禹相授受只說人心惟危道心惟微。論來只有一箇心。人心如口之於味等若以爲性所當然。一向惟意所欲。却不可。蓋有命存焉。須著安於定分。不敢少過始得。道心如仁之於父子等若以爲命已前定。任其如何更不盡心。却不可。蓋有性存焉須著盡此心以求合乎理始得。上云性也。是氣稟之性。有命焉。是斷制人心。欲其不敢過也。下云命也。蓋其所受氣稟亦有厚薄之不齊。有性焉。是充廣道心。欲其無不及也。此段只要遏人欲長天理。前一節人以爲性我所有。須要必得。後一節以爲命則在天。多委之而不脩。所以孟子到人說性處却曰有命。人說命處却曰有性。○且如嗜芻豢而厭藜藿。是性如此。然芻豢分無可得。只得且喫藜藿。如父子有親。有相愛底。亦有不相愛底。有相愛深底。亦有相愛淺底。此便是命。然在我有薄處。便當勉强以致其厚。在彼有薄處。吾當致厚感他。得他亦厚。如瞽瞍之頑。舜便能使烝烝乂不格姦。○問仁義禮智天道。此天之所以命於人。所謂本然之性者也。今曰命有厚薄。則是本然之性有兩般也。若曰伊川以厚薄言人氣質稟受於陰陽五行者如此。孟子不應言命。若以氣質厚薄言命。則是天之降才爲有殊矣。曰。孟子言降才且如此說。若命則誠有兩般。以稟受有厚薄也。又不可謂稟受爲非命也。大抵天命流行物各有得不謂之命不可也。命如人有貧富貴賤。豈不是有厚薄。知之於賢者則有小大。聖人之於天道亦有盡不盡處。只如堯舜性之。則是盡天道。湯武身之。則是於天道未能盡也。此固是命。然不可不求之於性。○潛室陳氏曰。世人以上五者爲性。則見血氣而不見道理。以下五者爲命。則見氣數而不見道理。於是人心愈危。道心愈微。孟子於常人說性處却以命言。則人之於嗜慾雖所同有。却有品節限制不可必得。而人心安矣。於常人說命處却以性言。則人之於義理。其氣稟雖有清濁不齊。須是著力自做工夫。不可一委之天。而道心顯矣

○浩生不害問曰。樂正子何人也。孟子曰。善人也。信人也。

趙氏曰。浩生姓。不害名。齊人也

何謂善。何謂信

不害問也

曰。可欲之謂善

天下之理。其善者必可欲。其惡者必可惡。去聲下同其爲人也。可欲而不可惡。則可謂善人矣朱子曰。可欲是資禀好。別人以爲可欲。是說這人可愛也。只是渾全一箇好人。其爲人處心造事行己接物。一皆可欲。而不可惡。則可謂之善人矣。○有可欲之善。然後有諸己而充實。將去。若無可欲者。則充實箇甚物。譬如先討得眞實藥材。然後脩製以爲圓爲散。若是藥材不眞。雖百般羅碾。畢竟不是。○問可欲之謂善。若作人去欲他。恐與有諸己之謂信不相協。蓋有諸己是說樂正子身上事可欲却做入說恐未安曰此便是他有可欲處入便欲他豈不是渠身上事與下句非不相協○慶源輔氏曰先儒多以可欲爲己之欲如書所謂敬脩其可願之意獨集註不然可欲是別入以爲可欲蓋若以爲己之欲則說得太輕且人之欲有善惡之不同故也

有諸己之謂信

凡所謂善皆實有之如惡去聲惡臭如好去聲好色是則可謂信人矣慶源輔氏曰善固多端故集註言凡所謂善以該之如惡惡臭如好好色則表裏誠實無一毫勉强假托之意也○張子曰志人無惡之謂善誠善於身之謂信朱子曰善人者或其天資之美或其知及之而勉慕焉未必其真以爲然而果能不失也必其用力之久真實有此善於己而無一毫虛僞意然後可以謂之信人矣

充實之謂美

力行其善至於充滿而積實則美在其中而無待於外矣朱子曰。無待於外。都是裏面流出來○既信之。則其行必力。其守必固。如是而不已焉。則其所有之善。充足飽滿於其身。雖其隱微曲折之間。亦皆清和純懿而無不善之雜。是則所謂美人也○有諸己之謂信。是都知得了。實是如此做。此是就心上說。心裏都理會得。充實之謂美。是就行上說。事事都行得盡。充滿積實。美在其中而無待於外○慶源輔氏曰。有諸己。則已是知至意誠之事。然又須見於履踐方得。故云力行其善至於充滿其量。蓄積成實。然後美在其中而無所待於外矣

充實而有光輝之謂大

和順積中而英華發外引記樂記云美在其中而暢於四支發於事業引易坤卦文言則德業至盛而不可加矣朱子曰。美能充於內而已。未必其能發見於外也。又如是而不已焉。則其善之充於內者彌滿布濩。洋溢四出而不可禦。其在躬也。

則睟面盎背而施於四體。其在事也。則德盛仁熟而天下文明。是則所謂大人者也。○慶源輔氏曰。大則形見於外矣。故集註以德業至盛不可加言之

大而化之之謂聖

大而能化。使其大者泯然無復扶又反可見之迹。則不思不勉。從七容反容中去聲道。而非人力之所能爲矣。張子曰。大可爲也。化不可爲也。在熟之而已矣。程子曰。大而化之。只是理與己一。其未化者。如人操尺度量物。用之尚不免有差。至於化。則己便是尺度。尺度便是己。○朱子曰。大而不化。則其大者未能離乎方體形迹之間。必其德之盛者日益盛。仁之熟者日益熟。則向之所謂大者方且春融凍解。混然無迹。而與天地合德。日月合明。四時合序。鬼神合吉凶矣。是則所謂聖人者也。○慶源輔氏曰。大則猶可以目見而指言。至於化則無迹。不可以目見。不可以言傳。無待於思惟。無假於勉強。從容自然。與道爲一。而非

人之智力所能及矣

聖而不可知之之謂神

程子曰。聖不可知謂聖之至妙人所不能測。非聖人之上又有一等神人也。朱子曰。至於聖則造道入德之功至矣盡矣。不可以有加矣。是其盛德至善之極。無聲無臭之妙。必有非耳目所能盡心思所能測者。是則所謂神者。而非聖人之上復有神人也。夫自可欲而至於大。則思勉之所及也。至於聖且神焉則非思勉之所及矣。然非思勉之而不已焉。則亦未有至焉者也。○問可欲之謂善至聖而不可知之謂神。曰。善渾全底好人。無可惡之惡。有可喜可欲之善。有諸己之謂信。眞箇有此善。若不有諸己。則若存若亡。不可謂之信。自此而下。雖一節深如一節。却易理會。充實。謂積累光輝。謂發見於外。化。則化其大之迹。聖而不可知處。便是神也。所以明道言仲尼無迹。顏子微有迹。孟子其迹著。或問顏子之微有迹處。曰。如願無伐善無施勞皆是。○此六位皆他人指而名之之辭。○南軒張氏曰。

本領在可欲之善。信者信此者也。美者美此者也。大則充此而有光輝也。化則爲聖。而其不可知則神也。至於聖且神。其體亦不外此而已。又曰。可欲之善。聖神之事備焉。人生而靜。皆具此體。至於化而聖。然後爲全盡純於此者也

樂正子。二之中。四之下也

蓋在善信之閒。觀其從於子敖。則其有諸已者或未實也。問樂正子以善名矣。而以餔啜從子敖。先館舍後長者。何也。朱子曰。言在二者之中。則其餘於善而不足於信矣。○慶源輔氏曰。意者樂正子雖能明善。而亦工夫未到。於善未誠。使其誠有諸已。則於從子敖之事當如惡惡臭而自不嚮邇也張子曰。顔淵樂正子。皆知好去聲下同仁矣。新安陳氏曰。樂正子資質純粹。略似顔子。故橫渠引此立論樂正子志仁無惡而不致於學。所以但爲善人信人而已。顔子好學不倦。合仁與

智具體聖人。獨未至聖人之止耳 慶源輔氏曰。張子并顔子言之。見學之不可已如此

○程子曰。士之所難者。在有諸己而已。能有諸己。則居之安。資之深。而美且大可以馴音旬致矣。徒知可欲之善。而若存若亡而已。則能不受變於俗者鮮上聲矣。慶源輔氏曰。程子又發明學者只要有諸己。有諸己則住不得。自然鑽將去。故美且大可以馴致。不然。徒知其善而若存若亡。則為流俗所變而終亦必亡之矣。○新安陳氏曰。此條重在有諸己之信

尹氏曰。自可欲之善至於聖而不可知之神。上下一理。擴充而至於神。則不可得而名矣 慶源輔氏曰。尹氏上下一理之說尤得其要。惟其不可得而名。故謂之神也。○雲峯胡氏曰。須看尹氏上下一理四字。善者人心之天理。始而為人之所可欲者此理也。終而人之所不可知者亦此理也。善非粗淺。神非高虛。惟在乎實有此善而力行以充之爾。○新安陳氏曰。自善信至聖

神高下固懸絕矣。然雖聖神之極致，亦不外乎自善信而充之。生知安行之聖人，固不必由科級而進。學知利行以下之希聖，未有不由科級而進者。可欲之善，眞能有諸己，勉勉循循，充而拓之，以至於極。雖比性之之聖，有生熟之不同，豈有不能如身之之聖者

○孟子曰：逃墨必歸於楊，逃楊必歸於儒。歸，斯受之而已矣

墨氏務外而不情，楊氏太簡而近實，故其反正之漸大略如此。歸斯受之者，憫其陷溺之久，而取其悔悟之新也。朱子曰：楊墨皆是邪說，無大輕重。但墨氏之說尤出於矯僞，不近人情而難行，故孟子之言如此，非以楊氏爲可取也。○南軒張氏曰：兼愛者棄本而外馳，爲我者狹隘而私勝。墨之比楊，猶奢之比儉。自爲者固非，猶愈於兼愛之泛也。泛者尤難反耳

今之與楊墨辯者，如追放豚，既入其苙，又從而招之。

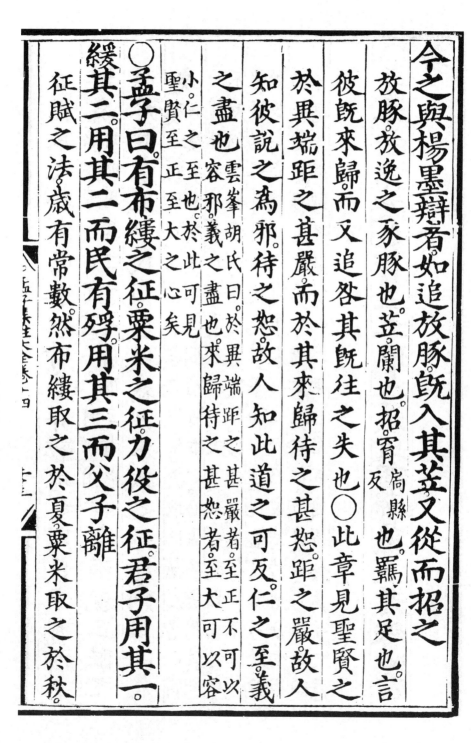

放豚，放逸之豕豚也。苙，闌也。招，罥〈扃縣反〉也，羈其足也。言彼既來歸，而又追咎其既往之失也。○此章見聖賢之於異端，距之甚嚴，而於其來歸，待之甚恕。距之嚴，故人知彼說之爲邪；待之恕，故人知此道之可反。仁之至，義之盡也。雲峯胡氏曰：於異端距之甚嚴者，至正不可以容邪，義之盡也；來歸待之甚恕者，至大可以容小，仁之至也。於此可見聖賢至正至大之心矣。

○孟子曰：有布縷之征，粟米之征，力役之征。君子用其一，緩其二。用其二而民有殍，用其三而父子離。

征賦之法，歲有常數，然布縷取之於夏，粟米取之於秋，力役取之於冬。當各以時。若并去聲取之。則民力有所不堪矣。新安陳氏曰。用其二。一時併用二端也。用其三。一時併取三者也。今兩稅三限之法。亦此意也。尹氏曰。言民爲邦本。取之無度。則其國危矣。慶源輔氏曰。此孟子言之以警夫取民無度者。○問布縷粟米力役之征。周禮皆取之。而孟子言用其一而緩其二。朱子乃有夏秋之辨。夫夏秋之說始出於唐不知何所據而云。潛室陳氏曰。緩非廢其征。但不作一時併征之耳。月令孟夏蠶畢而獻繭稅。孟秋農乃登穀始收穀。布縷征之夏。粟米征之秋。乃古法。若唐分兩稅始於德宗楊炎。非止布縷粟米之征。乃是取大曆十四年應干賦斂之數併而爲兩稅。名同實異。失孟子之意矣

○孟子曰。諸侯之寶三。土地。人民。政事。寶珠玉者。殃必及身

尹氏曰。言寶得其寶者安。寶失其寶者危。新安陳氏曰。諸侯寶人民而善政事以治之。則有人有土而常爲吾寶矣。

○盆成括仕於齊。孟子曰。死矣盆成括。盆成括見殺。門人問曰。夫子何以知其將見殺。曰。其爲人也小有才。未聞君子之大道也。則足以殺其軀而已矣。

盆成。姓。括。名也。恃才妄作。所以取禍。徐氏曰。君子道其常而已。括有死之道焉。設使幸而獲免。孟子之言猶信也。南軒張氏曰。不聞道則爲才所役。道者。理義之存乎人心者也。於此有聞。則才有所不敢恃矣。人之有才本不足以爲人害。惟無所本而徒用其才。於是才始足以病已。甚至有取死之道。又不若魯鈍無才之愈也。小有才而未聞道者。身且不能保。爲國者乃信而用之。亡國敗家其何日之有。○慶源輔氏曰。才出於氣而有限才本自小。道原於性而無方。道本自大。况曰小有才則又才之小者也。不顧義理而惟才是逞。則行險僥倖無所不至。不至於顛覆不已也。孟子之言但述其理之當然耳。不以是爲奇中也。學者不達而以是爲奇。則必以料事爲明。而騤騤然入於逆詐億不信矣

○孟子之滕。館於上宮。有業屨於牖上。館人求之弗得

館。舍也。上宮。别宮名。業屨。織之有次業而未成者。蓋館人所作。置之牖上而失之也

或問之曰。若是乎從者之廋也。曰。子以是爲竊屨來與。曰。殆非也。夫子之設科也。往者不追。來者不拒。苟以是心至。斯受之而已矣

從爲去聲。與。平聲。夫子如字。舊讀爲扶余者非

或問之者。問於孟子也。廋。與廋同匿也。言子之從者乃匿

人之物如此乎。孟子答之。而或人自悟其失。因言此從者固不爲去聲竊屨而來。但夫子設置科條以待學者。苟以向道之心而來。則受之耳。雖夫子亦不能保其往也。門人取其言有合於聖賢之指。故記之。慶源輔氏曰。先儒多讀夫子作夫音扶予。而以爲孟子自說。朱子獨以爲夫子而作問者自悟其失而言者。蓋不獨以殆非也下無曰字而知其然。若以爲孟子之言。則不惟露筋骨。且非所以待學者。將使學者不自重矣。惟以爲問者之言則可取。愚嘗謂近世好議論者。往往以學者之失而議先生長者。是其識量又不逮於當時織屨者矣。苟以是心至斯受之者。與人爲善之公也。至於孺悲欲見則辭以疾。滕更在門則不見答。是又義之所當然也。然教亦固在其中矣

○孟子曰。人皆有所不忍。達之於其所忍。仁也。人皆有所不爲。達之於其所爲。義也。

惻隱羞惡之心。人皆有之。故莫不有所不忍不爲此仁義之端也。然以氣質之偏。物欲之蔽。則於他事或有不能者。但推所能達之於所不能。則無非仁義矣慶源輔氏曰。不忍者。惻隱之事也。不爲者。羞惡之事也。是皆本於性發於情而統於心。人之所固有者也。但爲氣稟所拘。物欲所蔽。則心失其正而不能統夫性與情。故有所當發而不發。亦有所不當發而反發。遂至於其所不忍者或有時而忍。於其所不爲者或有時而爲。而性亦從而梏亡之矣。今教之以推所不忍以達於所忍。推所不爲以達於所爲。如是。則心得其職。情得其正。而性之所以爲仁義者得矣○西山眞氏曰。有所不忍不爲者。此心之正也。能即是心而推之。雖所忍者亦不忍。即仁也。雖所爲者亦不爲。即義也

人能充無欲害人之心。而仁不可勝用也。人能充無穿踰之心。而義不可勝用也勝平聲

充滿也。穿，穿穴。踰，踰墻。皆爲盜之事也。能推所不忍以達於所忍，則能滿其無欲害人之心而無不仁矣。能推其所不爲以達於所爲，則能滿其無穿踰之心而無不義矣。

南軒張氏曰：人皆有所不忍，皆有所不爲，此其秉彝之不可泯滅者也。然有所不忍矣，而於他則忍之；有所不爲矣，而於他則爲之，此豈有異心哉？爲私欲所蔽而生道息故也。若以其所不忍而達之於其所忍，豈非仁乎？以所不爲而達之於其所爲，豈非義乎？自無欲害人之心而充之，則其愛無所不被，仁有不可勝用矣。自無穿踰之心而充之，則其宜無所不得，義有不可勝用矣。蓋其理本具於性，貴於充之而已。○慶源輔氏曰：此一節因前說而教人以充滿其本心之量也。無欲害人之心，即是所不忍；無穿踰之心，即是所不爲。是心也，其量甚大，其用有常。人能推所不忍以達於其所忍，然後能充滿其無欲害人之心量；推所不爲以達於其所爲，然後能充滿其無穿踰之心量。能充滿其心量，則其用有常而仁義不可勝用矣。○新安陳氏曰：達，如導

水自畎澮達之川。自川達之海。充。如水達海而充滿於其中也。惟達而後能充。如擴而充之之意

人能充無受爾汝之實。無所往而不爲義也

此申說上文充無穿踰之心之意也。蓋爾汝。人所輕賤之稱。人雖或有所貪昧隱忍而甘受之者。然其中心必有慚忿而不肯受之之實。人能即此而推之。使其充滿無所虧缺。則無適而非義矣。問充無受爾汝之實。朱子曰。惡不仁者。其爲仁矣。不使不仁者加乎其身。惡不仁而不能使不仁者不加乎其身。便是不能充無受爾汝之實。○看來實字對名字說。不欲人以爾汝之稱加諸我。是惡爾汝之名也。然反之於身而去其有可爾汝之行。是能充其無受爾汝之實也。若我身有未是處。則雖惡人以爾汝相稱。亦自有所愧矣。○新安陳氏曰。朱子此條。乃用趙註之說。與集註不同。蓋謂惡爾汝之名。是惡人之輕己也。反身而去其可輕之行。是能充其無受爾汝之實也。人能充滿其

無受爾汝之實行，則所爲無往非義矣。意義較明白。慶源輔氏曰：此一節事雖微，而理愈密。夫人不受爾汝之稱，皆是羞惡之實心。存養之不加，體察之不至，則不受之心雖有得於此，而或遂失於彼，亦不能充滿其實心之量。而義有時而不行矣。惟能推所不受而達之於所受，而無所滲漏，然後能充滿其無受爾汝實心之量。

無所適而不爲義也。

士未可以言而言，是以言餂之也；可以言而不言，是以不言餂之也。是皆穿踰之類也。餂音忝。

餂，探取之也。今人以舌取物曰餂，即此意也。便平聲佞未可以言而言，隱默可以言而不言，皆有意探取於人，是亦穿踰之類。然其事隱微，人所忽易，去聲故特舉以見形甸反例。明必推無穿踰之心，達於此而悉去上聲之，然後爲能充其無穿踰之心也朱子曰。餂是鉤致之意。如本不必說。自家却强說幾句。要去動人。要去悅人。是以言餂之也。如合當與他說。却不說。須故爲隱難要使他來問我。是以不言餂之也。不直心而私意如此。便是穿踰之類。裏面是如此。外面却不如此。外面恁地。裏面却不恁地。○問此章先言仁義後專言義何也。曰。仁只是一路。只是箇不忍之心。苟能充此心。便了義却頭項多。又問人能充無穿踰之心。是就至粗處說。未可以言而言。與可以言而不言。是說入至細處否。曰。然。能充無受爾汝之實處工夫却甚大了。到這田地時。工夫大段周密了。所以說無所往而不爲義也。使行已有一毫未盡。便不能無受爾汝之實矣。達者推之也。是展開去。充者塡滿也。須塡塞教滿○南軒張氏曰。以言取之者。其猶以諂爲悅者乎。以不言取之者。其猶以默爲容者乎。以是爲穿踰之類者。以若有取之之心故耳。此章始言仁義而末獨言義何也。蓋仁義體用相須者也。人之不仁。以非義害之也。不爲非義而後仁可得而存。故反復再三推而言之。使人知所用力也○慶源輔氏曰。此一節事之微而理之密。又有甚於前者。故以士言之。夫不爲穿踰。無受爾汝。在士則有所不必道。然一語一默之微。發於計較安排而有意探取於人則是亦穿踰之類故集註亦以爲其事隱微人所忽易故特舉以見例必推無穿踰之心而達之於此類至纖至悉處亦不容有不盡方始能充其無穿踰之心也其義亦精矣○雲峯胡氏曰孟子首篇曰善推其所爲欲齊王即其不忍之心而推之也末篇曰達曰充欲人皆即其有所不忍不爲之心而達之充之也擴此心之用無少壅遏則謂之達滿此心之量無少欠缺則謂之充集註論此達與充二字而推之一字凡五及之達者推之始充者推之終也不推不能達不達不能充集註可謂能發孟子終始敎人之本旨矣先儒云孟子平生工夫受用處只在善推其所爲一句爾非朱子孰能發之哉○新安陳氏曰此章後二節單言義無受爾汝之實正其行也戒以言不言餂之正其言也正其言行以充其羞惡之心乃於稱謂語默日用之常事以求義之精焉語曰色厲内荏其猶穿踰與表記曰君子不以色親人情疎而貌親在小人則穿踰之盜也與皆可以充廣此義所當參玩

○孟子曰言近而指遠者善言也守約而施博者善道也

君子之言也。不下帶而道存焉。施去聲

古人視不下於帶。記曲禮下。天子視不上於袷。音劫不下於帶。凡視上於面則傲。下於帶則憂。傾則姦則帶之上。乃目前常見至近之處也。舉目前之近事而至理存焉。所以為言近而指遠也。朱子曰。說言近指遠。守約施博。四方八面皆看得見。此理本是遠近博約如一。而行之則自近約始。道理只是一。但隨許多頭面去。又不可不不逐頭面理會也。○慶源輔氏曰。言近而指遠故測之而益深。窮之而愈遠。是君子教人之事

君子之守。脩其身而天下平。

此所謂守約而施博也。南軒張氏曰。所謂指遠者固存乎近。所謂施博者固存乎約也。不下帶而道存。言近而指遠也。蓋其所言只其身中事。在目前者耳。而至理初不外是也。脩身而天下平。守約而施博也。脩身則本立。由是而家齊國治天下平。皆其所推耳。○慶源輔氏曰。守約施博。故推之而無不準。動

之而無不化。是君子治天下之事

人病舍其田而芸人之田。所求於人者重而所以自任者輕舍音捨

此言不守約而務博施之病朱子曰。不知道者務爲高遠之言。則固荒唐而無餘味。然欲其近。則又鄙淺而無深遠之趣也。不知約之可守。則固泛濫而不切矣。然欲其約。則又狹隘而無廣博之功也。然則所謂善言善道者。非有道之君子其孰能知之乎。○南軒張氏曰。舍其田而芸人之田者。不治其身而治人之譬也。不務在己者而責諸人。其自任亦輕矣。蓋不知一身爲天下之本故也

○孟子曰。堯舜性者也。湯武反之也

性者。得全於天。無所汚烏故反壞。不假脩爲。聖之至也。反之者。脩爲以復其性而至於聖人也。程子曰。性之反之。

古未有此語。蓋自孟子發之。呂氏曰。無意而安行。性也。朱子曰。呂氏說性也。性下合添之者二字。有意利行而至於無意。復性者也。

堯舜不失其性。湯武善反其性。及其成功則一也。程子曰。堯與舜更無優劣。及至湯武便別。孟子言性之反之。自古無人如此說。只是孟子分別出來。便知得堯舜是生而知之。湯武是學而能之。文王之德則似堯舜。禹之德則似湯武。要之皆是聖人。○朱子曰。湯武反之。其反之雖同。然細看來。武王終是疎略。成湯却孜孜向進。如其伐桀。所以稱桀之罪。只平說過。又放桀之後。惟有慙德。武王數紂至於極其過惡。於此可見矣

動容周旋中禮者。盛德之至也。哭死而哀。非為生者也。經德不回。非以干祿也。言語必信。非以正行也。中、為、行並去聲

細微曲折。無不中禮。乃其盛德之至。自然而中。而非有

意於中也。經常也。回曲也。三者亦皆自然而然。非有意而爲之也。皆聖人之事。性之之德也。問信言語以正行。莫無害否。朱子曰。言語在所當信。若有意以此而正行。便是有爲而然也。○慶源輔氏曰。若有意於中。則必有勉强持守之意。力懈意弛。則必有所不中者矣。又曰。三者特舉聖人之庸行。人所易曉者。以例其餘。聖人之動無不時也。豈有意而爲之者哉。故集註斷以爲聖人之事。性之之德也。

君子行法以俟命而已矣

法者。天理之當然者也。君子行之。而吉凶禍福有所不計。蓋雖未至於自然。而已非有所爲去聲而爲矣。此反之之事。董子所謂正其義不謀其利。明其道不計其功。正此意也。○程子曰。動容周旋中禮者。盛德之至。行法以俟命者。朝聞道夕死可矣之意也。新安陳氏曰。惟聞道故生順死安。雖夕死亦可。惟行法。故禍福能一聽天命。其意相類呂氏曰。法由此立。命由此出。聖人也。新安陳氏曰。以法與命移上聖人說。聖人從容中道。身即爲度。法由我立。與天爲徒。命由我出。與天地合德。與鬼神合吉凶。如書云自作元命。唐李泌云君相造命是也。行法以俟命。君子也。聖人性之。君子所以復其性也。朱子曰。聖人是人與法爲一。己與天爲一。學者是人未與法爲一。己未與天爲一。故須行法以俟命也〇行法以俟命。三代以降惟董子嘗言之。而諸葛忠武侯言於其君有曰。臣鞠躬盡力死而後已。至於成敗利鈍非臣之明所能逆覩也。程子語其門人有曰。今容貌必端。言語必正。非欲獨善其身以求知於人。但天理當然。亦曰循之而已矣。此三言者所指雖殊要皆行法俟命之意〇慶源輔氏曰。法者凡古聖賢之所制皆是也。蓋莫非天理之當然。如爲君而仁。爲臣而敬。子孝父慈皆是也。君子行之。而吉凶禍福聽天所命。我皆在所不計。所謂俟命也。雖未能如聖人之安行自然。已非有所爲

而爲之矣

○孟子曰。說大人則藐之。勿視其巍巍然。說音稅 藐音眇

趙氏曰。大人。當時尊貴者也。藐。輕之也。巍巍。富貴高顯之貌。藐焉而不畏之。則志意舒展。言語得盡也 和靖尹氏曰。藐者。上是不以其貴勢威嚴爲事而懾。非謂便視他作無物也。○朱子曰。說大人則藐之。蓋主於說而言。如曰見大人則藐之則失之矣。蓋大人固當畏。而所謂藐者乃是藐其堂高數仞之類耳。這爲世人把大人許多崇高富貴當事。有言不敢出口。故孟子云爾。○今人不是畏大人。只是畏其巍巍然者。若能勿視其巍巍然而不失其畏大人之心。乃是眞能畏大人者。○問孔子畏大人。而孟子藐之何也。曰。孟子藐大人。不視其巍巍然者而已。故雖不肯枉尺直尋。而齊人敬王莫如孟子也。特以當世之士以道殉人。內無所守。故特發此以立其志。使其意氣舒展。無所懾懼。而得以盡其所言爾。若君子以禮存心。固將無所不用其敬。豈於大人而反藐之哉○

慶源輔氏曰。若不藐視之。則是爲其巍巍者所動矣。志氣一有所懾怯。則必不能展盡底藴。剛强者有懷或不敢盡。柔弱者則必至於變其所欲言而反徇之矣

堂高數仞。榱題數尺。我得志弗爲也。食前方丈。侍妾數百人。我得志弗爲也。般樂飲酒。驅騁田獵。後車千乘。我得志弗爲也。在彼者。皆我所不爲也。在我者。皆古之制也。吾何畏彼哉。榱楚危反。般音盤。樂音洛。乘去聲

榱。桷音角也。題。頭也。食前方丈。饌食列於前者方一丈也。此皆其所謂巍巍然者。我雖得志有所不爲。而所守者皆古聖賢之法。則彼巍巍者何足道哉。南軒張氏曰。藐讀如眇。左氏曰以是藐諸孤。藐。小之也。小之者。小其所挾也。視其巍巍然。則動於中。動於中。則慕在彼之勢。而屈在我之義矣。

使在我不知古制之守。則爲其巍巍然所動矣。故程子曰。內重則見外之輕。得深則見誘之小。後之爲士者惟不知古制之是守。故未得志則有所慕。既得志則行其所慕。遂欲不已。以爲天下害。士必寡欲而後能守古制。守古制而後知自重。知自重而後不爲勢所屈。使其身用而道行。則生民受其福矣 ○楊氏曰。孟子此章以己之長。方人之短。猶有此等氣象。在孔子則無此矣 慶源輔氏曰。孟子有泰山巖巖然之氣象。便是指此等處言也。若聖人則大而化之。泯然不見其大之迹。故不至如此。然非聖人覺此而不爲也。德盛仁熟。大而化之。則自然不至有此等氣象矣

○孟子曰。養心莫善於寡欲。其爲人也寡欲。雖有不存焉者寡矣。其爲人也多欲。雖有存焉者寡矣

欲。如口鼻耳目四支之欲。雖人之所不能無。然多而不節。未有不失其本心者。學者所當深戒也。程子曰。所欲

不必沈溺只有所向便是欲周子曰養心不止於寡而存耳蓋寡之又寡以至於無則誠立明通○蔡氏曰誠立而實體安固明通而實用流行○程子曰欲寡則心自誠荀子言養心莫善於誠既誠矣又何養此已不識誠又不知所以養○朱子曰孟子只是言天理人欲相爲消長分數其爲人也寡欲則人欲分數少故雖有不存焉者寡矣不存焉者寡則天理分數多也其爲人也多欲則人欲分數多故雖有存焉者寡矣存焉者寡則天理分數少也蓋多字對寡字說若眼前事事貪要時這心便一齊走出了未便說到邪僻不好底物事只是眼前底事纔多欲本心便都分雜了只減少便漸存得此心○問周子之言曰語其所至則司然矣然未有不由寡欲而能至於無者語其所至而不由其序則無自而進由其序而不要其至則或恐其安於小成也周子之說於此爲有相發之功焉○伊川教人直是都不去他用其心只是要得寡欲存這心最是難湯武聖人孟子猶說湯武反之也反復也反復得這本心如不邇聲色不殖貨利只爲要存此心觀旅獒之書只受一犬而反覆切諫以此見欲之可畏無小大皆不可忽○南軒張氏曰寡欲爲養心之要然

八固有天資寡欲者。有天資多欲者。其爲人寡欲。則不存者寡。多欲。則存焉者寡。以是知養心莫善於寡欲也。存者。謂其心之不外馳也。雖然。天資寡欲之人。不存固寡。然不知存其存。則亦莫之能充也。若學者以寡欲爲要。則當存養擴充。由寡欲以至於無欲。則其清明高遠者爲無窮矣。○勉齋黄氏曰。孟子嘗言求放心矣。又言存其心矣。操之則存。舍之則亡。心之存亡決於操舍。而又曰莫善於寡欲。何也。操存固學者之先務。然人惟一心。而攻之者衆。聲色臭味交乎外。榮辱利害動乎内。隨感而應無有窮已。則清明純一之體。又安能保其常存而不放哉。此孟子發明操存之説。而又以爲莫善於寡欲也。雖然。寡欲固善矣。然非眞知夫天理人欲之分。則何以施其克治之功哉。故格物致知。又所以爲寡欲之要。此又學者之所當察也。○慶源輔氏曰。程子又極其微而言之。學者須是於欲有所向處。便加克治。若待其張王。則用力難矣。○雲峯胡氏曰。孟子一書。言養字皆切要語。曰養氣。曰養性。曰養心。合而觀之。氣生於理。善養氣者在養性。理具於心。善養性者在養心。心汨於欲。善養心者在寡欲。寡之又寡以至於無。則心存而性存。氣不必言矣

○曾晳嗜羊棗。而曾子不忍食羊棗。

羊棗實小黑而圓。又謂之羊矢棗。曾子以父嗜之。父沒之後。食必思親。故不忍食也

公孫丑問曰。膾炙與羊棗孰美。孟子曰。膾炙哉。公孫丑曰。然則曾子何爲食膾炙而不食羊棗。曰。膾炙所同也。羊棗所獨也。諱名不諱姓。姓所同也。名所獨也

肉聶而切之爲膾。聶之涉反詳見論語鄉黨篇膾不厭細章下 炙。之夜反 炙音隻 肉也 勿軒熊氏曰。須看不忍字重。毋沒而杯圈不能飲。不忍故也○新安陳氏曰。不諱姓。喻食膾炙。諱名。喻不食羊棗

○萬章問曰。孔子在陳曰。盍歸乎來。吾黨之士狂簡進取。

不忘其初。孔子在陳何思魯之狂士

盍。何不也。狂簡謂志大而略於事。進取。謂求望高遠。不忘其初。謂不能改其舊也。此語與論語小異

慶源輔氏曰。志大謂狂。略於事謂簡。知曾點異乎三子者之撰。則志大而略於事可知。直欲躐乎聖人之樂處。則期望高遠可知。終不肯做下學工夫。後至於臨人之喪而歌。不能改其舊可知。狂簡二字。又該括得下兩句。進取。即是志大。不忘其初。即是略於事也

孟子曰。孔子不得中道而與之。必也狂獧乎。狂者進取。獧者有所不爲也。孔子豈不欲中道哉。不可必得。故思其次也

獧音絹

不得中道至有所不爲。據論語亦孔子之言。然則孔子

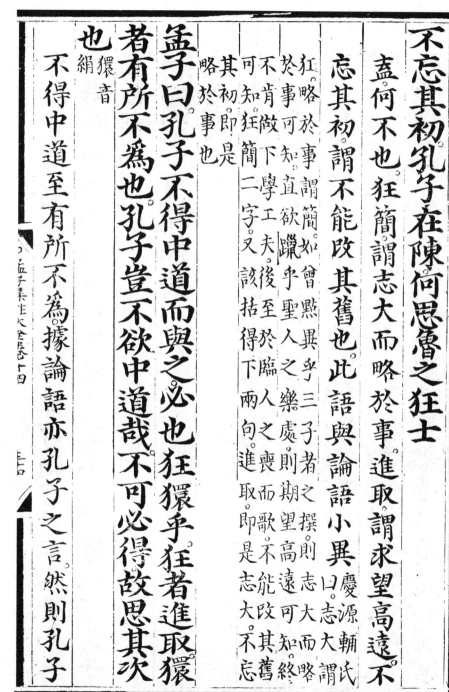

字下當有曰字。論語道作行。獧作狷。有所不爲者。知恥自好。去聲不爲不善之人也。孔子豈不欲中道以下。孟子言也。其次。謂狂者

敢問何如斯可謂狂矣

萬章問

曰。如琴張曾晳牧皮者。孔子之所謂狂矣

琴張名牢。字子張。子桑戶死。琴張臨其喪而歌。事見形甸反下同莊子。莊子太宗師篇。子桑戶孟子反子琴張相與爲友。子桑戶死。未葬。孔子聞之。使子貢往行事焉。或編曲。或鼓琴相和而歌曰。嗟來桑戶乎。而已反其眞。而我猶爲人猗。於宜反子貢趨而進曰。敢問臨喪而歌。禮乎。二人相視而笑曰。是惡音烏知禮義。雖未必盡然。要必有近似者。曾

皙見前篇。季武子死，曾皙倚其門而歌，事見檀弓。記檀弓下。季武子寢疾，及其喪也，曾點倚門而歌。又言志異乎三子者之撰，事見論語。牧皮未詳。

何以謂之狂也？

萬章問。

曰：「其志嘐嘐然，曰『古之人，古之人』。夷考其行而不掩焉者也。

嘐，火交反。行，去聲。

嘐嘐，志大言大也。重平聲言古之人，見其動輒稱之，不一稱而已也。夷，平也。掩，覆敷救反也。言平考其行，則不能覆其言也。新安陳氏曰：志大言大，動欲慕古，狂故也。平考其行，行不掩言，簡故也。程子曰：曾晳言志而夫子與之。蓋與聖人之志同。便是堯舜氣象也。特行有不掩焉耳。此所謂狂也。慶源輔氏曰。曾晳之志。固不止於如此。然其不屑之於事爲。其直欲徑探乎聖人之樂處。則與所謂嘐嘐然曰古之人。古之人之意。亦不相遠。而其行有不能掩其言者。則又自有不可誣也。故集註取程子之說以釋之。夫子與之者。是與其志大言大也。便是堯舜氣象者。是亦所謂古之人。古之人之類也

狂者又不可得。欲得不屑不潔之士而與之。是獧也。是又其次也

此因上文所引。遂解所以思得獧者之意。狂。有志者也。獧。有守者也。有志者能進於道。有守者不失其身。屑。潔也。朱子曰。狂者知之過。獧者行之過。○南軒張氏曰。中庸云。智者過之。其狂者歟。賢者過之。其獧者歟。鄉原

即所謂小人之中庸也○慶源輔氏曰狂者是合下氣質高明便自有所見者狷者是合下氣質貞固便自有所守者狂者則於知上所得分數多狷者則於行上所得分數多聖門學者必皆中與和合德知與行並進然後爲貴所謂中道者是也此等人旣不可得故不得已而與夫狂狷也○新安陳氏曰以不善爲不潔而不屑爲之也

孔子曰過我門而不入我室我不憾焉者其惟鄉原乎鄉原德之賊也曰何如斯可謂之鄉原矣

鄉原非有識者原與愿同荀子原愨克角反字皆讀作愿謂謹愿之人也荀子榮辱篇孝悌原愨以敦比其事業○富國篇其臣主百吏汙者皆化而脩悍者先化而原躁者先化而愨是明主之功已○正論篇上端誠則下原愨矣上公正則下易直矣故鄉里所謂愿人謂之鄉原孔子以其似德而非德故以爲

德之賊。過門不入而不恨之。以其不見親就爲幸。深惡（去聲）而痛絶之也。（以上釋孔子語）萬章又引孔子之言而問也。（慶源輔氏曰。先儒皆以原爲善。不惟無所據。又既謂之善人。則不應遂以爲德之賊。故集註引荀子爲證。以原爲愿。且曰鄉人無知。其所謂愿人。謂之鄉原。原字固淺狹。又鄉人以爲愿則亦非眞愿者也）

曰。何以是嘐嘐也。言不顧行。行不顧言。則曰古之人。古之人。行何爲踽踽涼涼。生斯世也。爲斯世也。善斯可矣。閹然媚於世也者。是鄉原也。（行去聲。踽其禹反。閹音奄）

踽踽。獨行不進之貌。涼涼。薄也。不見親厚於人也。鄉原譏狂者曰。何用如此嘐嘐然。行不掩其言。而徒每事必稱古人邪。（邪俗作耶）又譏狷者曰。何必如此踽踽涼涼無所親厚哉。人既生於此世。則但當爲此世之人。使當世之人皆以爲善則可矣。此鄉原之志也。以上皆釋鄉原之言閹。如奄人之奄。閉藏之意也。周禮春官。守祧奄八人。遠廟曰祧。奄。如今之宦者。祧他凋反媚。求悅於人也。孟子言此深自閉藏以求親媚於世。是鄉原之行去聲也。朱子曰。鄉原務爲謹愿。不欲忤俗以取容。專務徇俗。欲使人無所非刺。既不肯做狂。又不肯做狷。一心只要得人說好。更不理會自己所見所得與夫理之是非。彼狂者嘐嘐然以古人爲志。雖行之未至而所知亦甚遠矣。狷者便只是有志力行。不爲不善。二者皆能不顧流俗汙世之是非。雖是不得中道。却都自是爲己。不爲他人。鄉原反非笑之。鄉原者爲他做得好。使人皆稱之。而不知其有無窮之禍。如五代馮道者。此眞鄉原也。○慶源輔氏曰。閹然媚於世。此是鄉原之隱情匿志。孟子說破其情狀

萬章曰。一鄉皆稱原人焉。無所往而不爲原人。孔子以爲

德之賊何哉

原亦謹厚之稱而孔子以爲德之賊故萬章疑之

曰非之無舉也刺之無刺也同乎流俗合乎汙世居之似忠信行之似廉潔衆皆悅之自以爲是而不可與入堯舜之道故曰德之賊也

呂侍講曰言此等之人欲非之則無可舉欲刺之則無可刺也流俗者風俗頹徒回反靡如水之下流衆莫不然也汙濁也非忠信而似忠信非廉潔而似廉潔朱子曰狂者所見過於高遠而行不到狷者能力行而見有所不逮二者皆可收拾入來至於鄉原則孟子敢斷然以爲德之賊者蓋其居之似忠信行之似廉潔衆皆悅之使其回頭來却未可知只被他自以爲是既把來做是了便休

是以終身爲原人。而孟子以爲德之賊也○南軒張氏曰。此數句極鄉原之情狀。非之無舉刺之無刺。言其善自矯飾。流俗能同。汙世能合。言其無所執守也。以忠信廉潔曰似。則非眞矣。衆皆悅之。則異乎鄉人之善者好之矣。自以爲是。所以卒爲鄉原而不可反也。堯舜之道。大中至正。天理之存乎人心者也。此所謂善也。若鄉原所謂善斯可矣。則出於一己之私。竊善之似而已。異端之於正道。如黑與白。本不足以賊德。惟道之不明。世俗之見易以惑溺。故以爲德之賊也○慶源輔氏曰。鄉原既欲人以爲謹愿。故同乎流俗而不敢自異。合乎汙世而不能自拔。故衆皆悅之。自以爲是。則又迷而不知反。故不可與入堯舜大中至正眞實之道也

孔子曰。惡似而非者。惡莠。恐其亂苗也。惡佞。恐其亂義也。惡利口。恐其亂信也。惡鄭聲。恐其亂樂也。惡紫。恐其亂朱也。惡鄉原。恐其亂德也。惡去聲莠音有

孟子又引孔子之言以明之。莠。似苗之草也。佞。才智之

稱其言似義而非義也利口多言而不實者也鄭聲淫樂也樂正樂也紫間聲去色朱正色也鄉原不狂不獧人皆以爲善有似乎中道而實非也故恐其亂德慶源輔氏曰佞者有口才能辯說故以爲才智之稱惟其能言則其說多似義而實不然故以爲害義巧言之人徒尚口而初無誠實故以爲害信鄉原既譏狂者故不狂又譏獧者故不獧衆皆悅之故人皆以爲善而不可與入堯舜之道故有似乎中道而實非此聖人所以恐其亂德而深惡之據論語所載亦與此不同雖有詳略然其惡似而非之意則一也

君子反經而已矣經正則庶民興庶民興斯無邪慝矣反復也經常也萬世不易之常道也經只是日用常行道理興興起於善也邪慝如鄉原之屬是也新安陳氏曰邪慝不止是鄉原如楊墨皆

是以此章言。則指鄉原。故云鄉原之屬世衰道微。大經不正。故人人得爲異說以濟其私。而邪慝並起。不可勝（平聲）正。君子於此。亦復其常道而已。常道旣復。則民興於善。而是非明白。無所回互。雖有邪慝。不足以惑之矣○尹氏曰。君子取夫（音扶）狂獧者。蓋以狂者志大而可與進道。獧者有所不爲而可與有爲也。所惡（去聲）於鄉原而欲痛絕之者。爲（去聲）其似是而非。惑人之深也。絕之之術無他焉。亦曰反經而已矣

問反經之說。朱子曰。經便是大經。君臣。父子。夫婦。兄弟。朋友。且先復此大經。天下事未有出此五者。其間却殺有曲折。如大學亦先指此五者爲言。使大綱旣正。則其他節目皆可舉。若不先此大綱。則其他細碎工夫如何做○問經正。還只是躬行不及政事。曰。這箇不通分做兩件說。如堯舜雖是端拱無爲。只政事便就

這裏做出。那會徒地便了。○孟子論鄉原亂德之害而卒以君子反經爲說。此所謂上策莫如自治者。况異端邪說。日新月益。其出無窮。蓋有不可勝排者。惟吾學既明。則彼自滅熄耳。此學者所當勉。而不可以外求者也已。○經正則庶民興。蓋風化之行。在上之人舉而措之而已。庶民興。則人人知反其本而見善明。見善明。則邪慝不能惑也。既人不之惑。則其道自然銷鑠而至於無也。歐陽永叔云。使王政明而禮義充。雖有佛。無所施於吾民矣。亦此意也。○慶源輔氏曰。集註反經之說。實辨異端息邪說之大權也。○雲峯胡氏曰。此章言經正。而下章則以聖人相傳之說繼之。不無意也

○孟子曰。由堯舜至於湯。五百有餘歲。若禹皐陶。則見而知之。若湯。則聞而知之

趙氏曰。五百歲而聖人出。天道之常。然亦有遲速。不能正五百年。故言有餘也。尹氏曰。知謂知其道也。慶源輔氏曰。天

道固有常矣。然亦不能截然整齊。須有先後遲速。○雲峯胡氏曰。語孟末皆言堯舜以來相傳之意。但論語以行言。故歷述其政事之實。孟子以知言。故歷叙其見聞之眞。堯言執中。中之用也。湯言降衷。中之體也。舜自心上發出執中之蘊。而六經言心始此。湯自性上推原降衷之初。而六經言性始此。此可見堯舜湯明道處。至若見而知之言禹皐而不言稷契。何也。或曰。舉禹皐可例其餘。然考之書。稷契不曰謨。而禹皐獨曰謨。蓋可見也。况洪範九疇。禹發之。天叙天秩五典五禮。皐發之。其明道之功。固不小也。

由湯至於文王。五百有餘歲。若伊尹萊朱。則見而知之。若文王。則聞而知之。

趙氏曰。萊朱。湯賢臣。或曰。即仲虺許偉反也。爲湯左相去聲。○雲峯胡氏曰。舜言精一。而後協于克一。伊尹能發之。堯言執中。而後建中于民。仲虺能發之。曰勇。曰智。曰仁。曰禮。曰義。中庸三達德。孟子四端。已散見於仲虺誥中矣。吾以是知萊朱即仲虺也。○論語之末言武不言文。

此言文不言武。文王謨。以明道言也。武王烈。以行道言也。易之作也。其於中古乎。文王明道之功大矣。○新安陳氏曰。萊朱與伊尹並稱而經傳不他見。仲虺作誥。弘大精微。仁義禮智信皆開端言之。而德日新一言又首唱之。湯盤銘。伊尹咸有一德。皆因而述之。伊尹相湯。虺爲左相。同時他誰與之班者。萊朱即仲虺也必矣

由文王至於孔子。五百有餘歲。若太公望散宜生。則見而知之。若孔子則聞而知之。散素亶反

散氏宜生名。文王賢臣也。子貢曰。文武之道未墜於地在人。賢者識其大者。不賢者識其小者。莫不有文武之道焉。夫子焉不學。此所謂聞而知之也。或曰。尚父。鷹揚之士也。散宜生。於經傳不多見。亦以爲見文王之道而知之者。何也。雲峯胡氏曰。敬勝怠。義勝欲之類。非太公孰發之。書曰。茲迪彝教。則彝倫之教。散宜生蓋有助焉

由孔子而來至於今百有餘歲去聖人之世若此其未遠也近聖人之居若此其甚也然而無有乎爾則亦無有乎爾

林氏曰孟子言孔子至今時未遠鄒魯相去又近然而已無有見而知之者矣則五百餘歲之後又豈復扶又反下同有聞而知之者乎朱子曰由堯舜至孔子率五百餘歲而聖人一出所以異世同心歷聖同道道統繩繩相續不絕者實賴同時之見而知之者知之於先而異世之聞而知之者得以知之於後耳自孔子至今方百餘歲去孔子之時若此其未遠也孟子鄒人近孔子所居之魯又若此其甚也若使今此已無有見而知之者則如前所云五百歲之後豈復有聞而知之者乎○禹皋之徒本皆名世之士伊尹太公又湯文之師非必見其君而後知之湯文孔子又生知之聖亦非必聞前聖之道而後得之也此其曰見而知

聞而知之者，蓋以同時言之，則斯道之統，臣當以君

主；以興世言之，則斯道之傳，後世當以前聖爲師。學者

不以辭害意可也。至於章末二句，則孟子之致意深矣。

觀其所謂然而無有乎爾，則雖若託於不居，而其自任

之實可見；觀其所謂則亦無有乎爾，則雖若歎其將絕，

而所以啓夫萬世無窮之傳者，又未嘗不在於斯也。學

者誠能深考其言而自得之，則古人雖遠，而其志意之

所存者，蓋無以異乎日相與言而授受於一堂之上也。

○雲峯胡氏曰：論先後，則不有見之者，而孰有聞之者？

是則見而知之者爲先。論難易，則見而知之者聚精會

神於一時之頃，而聞而知之者心融神會

於異世之遥，是則聞而知之者爲難也。　愚按：此言雖

若不敢自謂已得其傳，而憂後世遂失其傳，然乃所以

自見其有不得辭者，而又以見夫音扶，下同天理民彝不可

泯滅，百世之下必將有神會而心得之者耳。故於篇終

歷序群聖之統，而終之以此，所以明其傳之有在。新安陳氏

曰。此申言然而無有乎爾之意。孟子隱然謂道統之傳在己。但其辭婉。其意深。非詳玩味之。不能見耳而又以俟後聖於無窮也。新安陳氏曰。申言則亦無有乎爾之意。以望後世聖賢之能傳道統者。此已爲程子接孟子之絕學者張本矣其旨深哉雲峯胡氏曰。集註神會心得四字有深意。蓋爲聞而知之者言也。孟子所謂見而知聞而知者。知其道也。知其道者。知其心也。時有先後之異。心無先後之間。萬古一理。千聖一心。世遠而心之神明相接。迹異而心之天理相孚。默而成之。不言而信。此其爲神會而心得之者歟○有宋元豐八年。河南程顥伯淳卒。潞公文彥博題其墓曰明道先生。而其弟頤正叔序之曰。周公沒聖人之道不行。孟軻死。聖人之學不傳。道不行。百世無善治。去聲學不傳。千載音宰無眞儒。無善治。士猶得以明夫善治之道以淑諸人。以傳諸後。無眞儒。則天下貿貿焉莫知所之。人欲肆而天理滅矣。雲峯胡氏曰。論語末。堯而後終之以武王。孟子之末。終之以孔孟。道不行。百世無善治。武王以後事。學不傳。千載無眞儒。孔孟以後事。無善治而下又言道之不明。其害有甚於道之不行者也。先生生乎千四百年之後。新安陳氏曰。孟子沒至明道生。大約年數如此。得不傳之學於遺經。以興起斯文爲已任。辨異端。闢邪說。使聖人之道煥然復明於世。蓋自孟子之後。一人而已。雲峯胡氏曰。朱子贊濂溪先生之言曰。道喪千載。聖遠言湮。不有先覺孰開我人。今言明道而不言濂溪者。二程夫子受學於濂溪先生。見而知之者也。且孟子所述列聖之相傳者。非徒爲其行道而言。實爲其聞知見知有以明斯道而言也。伊川墓述專言學不傳。則道不明之害。而又深言夫明道之功。正與孟子之意脗合。故集註述之　然學者於道不知所向。則孰知斯人之爲功。不知所至。則孰知斯名明道二字之稱。情也哉稱。去聲。情。實也。名。稱其實也。○慶源輔氏曰。集註係以程子之說者。見程子果得其傳於遺經。而孟子之說至以是而遂驗也。○雲峯胡氏曰。所向者。入道之始事。所至者。造道之極功。學者不知所向。則非有志於斯道者。不足以知明道。不知所至。則非深造乎斯道者。亦不能眞知明道也。趨向之正。造詣之深。庶乎可知明道之所以爲明道矣。眞知明道。則眞知堯舜以至於孔孟者矣。善乎勉齋黃氏之言曰。由孔子而後。曾子子思繼其微。至孟子而始著。由孟子而後。周程張子繼其絕。至朱子而始著。朱子出而自周以來聖賢相傳之道。一旦豁然如大明中天。昭晰呈露。然則集註所謂百世而下必有神會而心得之者。朱子亦當自見其有不得辭者矣。○新安陳氏曰。朱子繫以伊川此說者。見得孟子之意望百世之下將有神會心得其道者。而千四百年後果有如程子者出焉。見孟子之言至是而果驗。孟子不傳之絕學至是而果有傳也。觀韓子所謂堯以是傳之舜至軻之死不得其傳焉之言。見道統之傳至孟子而絕。察朱子所列明道墓表之意。見道統之傳既絕而後續也。孟子朱子之意章章明矣

孟子集註大全卷之十四